CLARA ZAMORA MECA

EL JUEGO DE LA MODA

LA ALTA COSTURA A FINALES DEL SIGLO XX

Primera edición: junio de 2024

© Clara Zamora Meca, 2024

© Ediciones Carena, 2024

Ediciones Carena
c/Alpens, 31-33
08014 Barcelona
T. 934 310 283
info@edicionescarena.com
WWW.EDICIONESCARENA.COM

Diseño de la cubierta: Kaicy Orellana
Imagen de cubierta: AGZ Photography

Coordinación y revisión: Jesús Martínez
WWW.REPORTEROJESUS.COM

Depósito legal B 10738-2024

ISBN 978-84-19890-79-5

Impreso en España - Printed in Spain

A Jaime Orovitg, mi hijo.

Ni amar, ni detestar,
sino comprender.

Spinoza

ÍNDICE

INTRODUCCIÓN

Este ensayo es el producto de muchos años de reflexión, alimentados por mi curiosidad natural hacia todo lo que no termino de comprender. Cuando finalicé los estudios universitarios, mis primeras inquietudes investigadoras habían ido dirigidas a la vanguardia artística, principalmente en su vía pictórica, quedando el diseño siempre relegado, por haberme formado en aquellos años en que esta disciplina era entendida como menor. Al ser la función principal del diseño embellecer lo que tiene, por naturaleza, un sentido práctico, su valor artístico ha quedado históricamente solapado y supeditado a esta funcionalidad. Después, tras muchos años de andadura profesional, me adjudicaron la docencia de la asignatura *Diseño Contemporáneo*, en la Facultad de Historia del Arte de la Universidad de Sevilla, donde había estudiado y había alcanzado mi doctorado. A pesar de no haberla recibido en mi formación académica, abarqué la nueva asignatura con entusiasmo, y disfruté mucho preparándola e impartiéndola.

En el transcurso de esta docencia, empezaron mis cuestionamientos internos sobre el papel de la moda en ese entramado universitario en el que yo me alzaba como guía. Si en algún momento vi relevante explicar el diseño de los primeros mecheros, de los paquetes de tabaco o de los frascos de perfume, ¿estaba Elsa Schiaparelli en ese nivel de consideración o, por tener un nombre propio y reconocido, podría encasillarse en una categoría de diseño superior? Así fui buscando respuestas en los estudios que ya estaban publicados para preparar bien mis clases, sin encontrar en ningún caso pistas convincentes que dieran solución a mis dudas e inquietudes. Tiempo después, surgió la oportunidad de publicar un libro sobre historia de la moda y, por la lógica de la proximidad, me sugirieron a los diseñadores más destacados de mi tierra, Sevilla. Y así continué en este sendero disciplinar a través de una trayectoria concreta, que se había desarrollado en las últimas décadas del siglo xx.

Sin embargo, de aquella experiencia docente había quedado una figura grabada que me seguía rondando en el cerebro y en el corazón: un diseñador inglés que yo ya había catalogado en mi interior en otro nivel superior. Por otra parte, la publicación de ese estudio sobre los diseñadores sevillanos, lejos de aliviar la necesidad de profundizar, la había avivado. Era como una inquietud espléndida, que de vez en cuando salía a flote para recordarme que, si yo misma iba resolviendo mis propias dudas, tomando decisiones firmes sobre lo que entendía de artístico en la disciplina de la moda, y puesto que había tan poco material riguroso que sobrevolara los evidentes datos meramente físicos o históricos (fechas, nombres de colección, desfiles icónicos, materiales, etc.), ¿por qué no plasmaba mi criterio en un libro? Este tipo de escritos, en los que una persona formada en una disciplina elucubra y expone sus reflexiones con el objetivo de despertar conciencias, aportar (o intentarlo, al menos) algo de riqueza intelectual o, simplemente, provocar debates sobre un tema concreto, son los más comprometidos de escribir. En una novela, el escritor se disfraza; en un libro que recoja hechos históricos, como una biografía, solo se puede valorar la calidad literaria o la gracia para narrar o contextualizar los datos; pero aquí se va a juzgar mi capacidad intelectual y mi criterio científico.

La realidad sociohistórica que este libro maneja es solo característica de Occidente –Europa y Estados Unidos– y los escenarios se ciñen al final del siglo xx. La disciplina de estudio, la moda, ha estado siempre cargada de intencionalidad, pero esta ha ido mutando con el tiempo y las necesidades. Ella es, desde que se desvincula de la tradición inamovible de legitimidad social, un teatro permanente. Se recoge aquí el momento decisivo en el que esta forma de expresión pudo elevarse por fin de la pura necesidad, gracias a la creación de la ropa lista para llevar, y liberarse de esa atadura para rozar lo artístico. El diálogo –o, mejor dicho, la diatriba– entre el nuevo poder norteamericano, desprendido de cualquier arquetipo, y la tradición europeísta, llena de antiguos tabúes y censuras vinculados a las formas de vida de la tradicional burguesía cristiana y su mirada perenne hacia el sueño aristocrático, estuvo marcado por una nueva sensibilidad colectiva. El proyecto triunfante norteamericano, la proletarización de la moda, tuvo unas repercusiones magníficas para el triunfo de la creatividad europea en este ámbito.

Estas cuestiones y otras más concretas se desarrollan en las siguientes páginas, pero deseo terminar de aclarar mi intención antes de continuar, para no levantar falsas expectativas. Aquí no encontrará una teoría clásica, sobrevalorada, ni negativa de la moda. Realmente, es un ensayo de moda en el que apenas se habla de moda. Nada de pinzas, sedas, largos de falda o tafetanes. Vuelo a otro nivel, y esos detalles no se aprecian. Si usted busca saber qué piezas son más favorecedoras o casan mejor con la feminidad de una generación, no siga leyendo, este no es su libro.

Por el contrario, si la ecuación que quiere solucionar es si el hilo y la aguja, entendidas como técnicas, y las telas y bordados, como materiales, pueden llegar a crear una pieza artística, creo que aquí puede encontrar sugerentes respuestas, con las que podrá estar de acuerdo o no. Los argumentos que expongo están lanzados sin red, sin intención de agradar a nadie, más que a la verdad que yo he encontrado en mis avances especulativos y científicos. En definitiva, este libro entroniza el culto a la fantasía, que ha sido y es el salvavidas de los más puros espíritus creativos.

CLARA ZAMORA MECA
30 de enero del 2024

Capítulo I

UNA NUEVA FE

Sɪ ᴛᴜᴠɪᴇʀᴀ ǫᴜᴇ establecer un altar que definiera la nueva religión colectiva que triunfó a finales del siglo xx, sería una imagen concreta: la portada de una revista americana. ¿Una fecha? Noviembre de 1988. Entendiendo el concepto como conjunto de creencias, sentimientos de veneración, normas morales para la conducta individual y social y prácticas rituales para venerar y dar culto a esas creencias, la imagen a la que aludo es perfecta para entender la nueva sensibilidad colectiva sobre la que se asentó la nueva fe.

La transición entre la antigua fe, hereditaria y derrumbada, y la nueva fe basada en los nuevos ideales fue larga, obviamente. No se construye una mentalidad en una década. Sin embargo, la eclosión de todos los elementos que la conformaron tuvo lugar de manera apasionante en los últimos años del siglo, que también fue el final de todo un milenio. La nueva sensibilidad colectiva estaba sustentada en varios aspectos, que, como digo, fueron madurándose, sobre todo, desde la mitad del siglo en adelante.

Los pilares de la nueva fe fueron la búsqueda acelerada del placer (no tanto como goce físico, sino más bien el placer de complacer, sorprender y deslumbrar); la intensificación del sentido de fugacidad terrestre: la pena por envejecer, la nostalgia de juventud y la conciencia de la inminencia; la aspiración colectiva a una vida más bella, la pasión por los objetos bonitos y en sintonía con los tiempos; el ritmo precipitado de las frivolidades y de lo efímero, lo fugaz; la dignificación de las normas del presente social; la libertad entendida como ruptura con las normas encorsetadas del pasado, sobre todo, en lo relacionado con el universo femenino, y el ascenso vertiginoso del poder social de los signos ínfimos, que se exteriorizaban claramente a través de la indumentaria y los objetos personales.

En realidad, podría señalar tres palabras como claves para entender el sentido de la nueva divinidad colectiva: *mujer, juventud* y *libertad*. La portada de revista que establezco como altar de esta nueva fe reúne a varios de los protagonistas indiscutibles que dieron forma física a esa nueva divinidad colectiva que estoy tratando de definir. No es casualidad que sus nombres sigan actualmente considerados como fundamentales para entender la evolución de buena parte del mundo capitalista del periodo entre dos siglos. Me refiero a Anna Wintour y a Peter Lindbergh, fundamentalmente; pero también aparecen en este altar de la modernidad Christian Lacroix, la marca de vaqueros italiana Guess, una joven y natural modelo israelí (Michaela Bercu) y una editora francesa (Carlyne Cerf de Dudzeele).

La portada de noviembre de 1988 de la edición estadounidense de la revista *Vogue* presentó a una bella y desenfadada mujer joven con una inmensa cruz en el pecho. ¿Divinidad? Sí. ¿Escogido el símbolo al azar? Difícil precisarlo. Las interpretaciones que pudiéramos tener ahora no harían justicia a la realidad de ese momento. El tiempo les ha dado la razón a los creadores de la imagen, pero entonces no creo que tuvieran tan claro lo que estaban escenificando. La cruz, que es innegable que hace alusión al poder espiritual de la religión más importante en el mundo durante todo el milenio, es el símbolo del diseñador escogido para vestir a la modelo: Christian Lacroix. Un jersey negro, que la chica lleva arremangado, como quitándole formalidad, ensalza con su neutralidad la inmensa cruz dorada con piedras incrustadas que cubre todo su pecho. Era un momento álgido para este francés amante del arte y de la artesanía, acababa de inaugurar su propia casa de alta costura. Su estilo desenfadado y juvenil casaba a la perfección con el lujo brillante que una portada solicita.

Este jersey endiosaba a la joven de cara redondita (muy joven), sonrisa franca, dientes perfectos, melena aparentemente despeinada y al viento, sin joyas (la cruz todo lo inunda), frescura, naturalidad, espontaneidad, todo muy saludable, y, para rematar estas sensaciones de modernidad/libertad/juventud, acompaña el jersey «de diosa» con la prenda americana por antonomasia, el símbolo estandarizado de la nueva juventud poderosa: el pantalón vaquero. Supuso esta la primera vez que tal prenda aparecía en la portada de una revista de moda femenina. ¿Revolucionario? Sí. ¿Y quién es la atrevida mente que aprobó esta osadía? Anna Wintour.

Esta mujer inglesa tenía treinta y ocho años cuando tomó las riendas de *Vogue USA,* siendo esta su primera portada. Se jugaba mucho y apostó fuerte. Se arropó bien con la estilista Carlyne Cerf de Dudzeele, que había trabajado previamente en la edición francesa de la revista *Elle;* así como el artista que transformó la estética occidental a través de su cámara. Explicaré más adelante, en otros capítulos, esta idea. De momento, solo nos interesa saber que este alemán de aguda mirada y perspicaz ingenio es indisociable de todo el argumentario que encierra la moda occidental de las dos últimas décadas del siglo xx.

Si tuviera que establecer otra imagen fundamental, más allá de la manida portada del *Vogue* británico de enero de 1990 con las cinco *top models* sobre la que tanto se ha escrito, es la fotografía tomada ese mismo año de 1988 en la playa de Malibú (Los Ángeles, California). Seis chicas jovencísimas se divierten como animalillos libres en la naturaleza. ¿Sus nombres? Ahora son conocidos, pero ya les adelanto que esto es cuestión de tiempo. Finalmente, serán todas anónimas. La imagen quedará, eso sí, así como el nombre del fotógrafo, que merece un podio entre los artistas más influyentes del siglo xx. Camisas masculinas, amplias, blancas, limpias, ligeras, al viento, y braguitas como única indumentaria: ¿fotografía de moda? Pues, sí. Pelos recogidos en moños improvisados, despeinadas por el viento, por la humedad del mar, la sal. No hay joyas, no hay maquillaje. Reina una atmósfera que transmite felicidad, despreocupación, frivolidad y una sexualidad sin censuras muy matizada, casi subliminal, pero también presente. La composición es magnífica. Son como cachorrillas jugando entre ellas, bellas, libres, limpias, adorables. He aquí las nuevas diosas de esta nueva fe.

El fotógrafo Peter Lindbergh vivió toda la segunda mitad del siglo xx, y falleció en la segunda década del siguiente, de manera que en los años que aquí señalamos estaba en una espléndida y poderosa madurez. Este artista con mayúsculas ha sido el encargado de mostrar la nueva imagen de la mujer de finales de siglo, poniendo el foco en su rostro, en el gesto, en la actitud, por encima de la ropa que llevara. Renegó de las tendencias vigentes a su alrededor y apostó por su intuición, acertando plenamente. Un dominio técnico indiscutible sumado a una mente prodigiosa, a una sensibilidad superior, que supo apreciar el valor de la nueva mujer, supeditando lo accesorio (ropa, maquillaje, joyería) a lo esencial (la personalidad, los sentimientos, las emociones y la narración de una historia particular). «Ese segundo que lo abarca todo.» Ninguna feminista actual le llega a este hombre a la altura del zapato, él sí que supo ensalzar y poner en valor la libertad de la mujer, su valía y su versatilidad por encima del rol clásico de mujer-objeto.

Para terminar de analizar la imagen que he establecido como altar de la nueva fe, aludiré a otra aparición –en este caso muy polémica– de la cruz cristiana en un desfile de moda. Con un vestido de la colección primavera-verano 1993, Karl Lagerfeld colocó a la modelo negra Naomi Campbell una gran cruz a modo de collar sobre un pecho desnudo. Los senos se dejaban ver de manera provocativa con la cruz en medio. Un vestido de color lila era paseado con los tirantes caídos, como de forma casual, despreocupada. Una clara provocación al convencionalismo, pero también una falta de respeto a todos los cristianos del planeta. Al final, se trataba de llamar la atención y de causar impacto y, sin lugar a dudas, este objetivo estuvo cumplido. Sin embargo, aunque este diseñador alemán se declaró ateo, la analogía de la nueva diosa joven, sexualmente libre, con el símbolo religioso por antonomasia vuelve a manifestarse de manera explícita. La nueva fe caminaba al son del pop, la música disco, Madonna (*Material Girl*, Chica material), Goeorge Michael (*Freedom*, Libertad), para unos; el grunge, el punk rock, el hard rock, Nirvana como estandarte (*Smells like teen spirit*, Huele a espíritu adolescente), para otros. Pero siempre los mismos códigos como base: libertad, juventud, sexualidad, frivolidad.

Las dos últimas décadas del siglo xx fueron probablemente el periodo de mayor crecimiento económico para los Estados Unidos. Estaban, además, a la cabeza de la nueva revolución tecnológica (ordenadores, tecnología digital, internet). Eran una sociedad plural y democrática, de bienestar económico y desaforado consumo de masas. Tenían (¿y tienen?) la hegemonía mundial, siendo el referente en cuanto a modelo de ensanchamiento decisivo del horizonte y la sensibilidad del hombre contemporáneo. Sus mensajes se basaban en la vida como placer (frente a la obligación), la emancipación femenina, la sexualidad libre, la afirmación del individuo frente al Estado, un estilo desvergonzante directo que exaltara la retórica cotidiana del lenguaje del capitalismo. ¿No creen que todo esto está recogido en esa portada de 1988 que, además, es una creación norteamericana? Puede que sí, pero ha quedado dicho que la directora de la revista era inglesa y el fotógrafo, alemán. No es baladí este dato.

El altar que he seleccionado como imagen de la nueva fe es una explosión de buen humor y de alegría de vivir, al más puro estilo *cheap & chic*. La estética estaba en su pleno apogeo, hedonismo, un viaje nostálgico de vuelta a la elegancia después de los años de eclosión de los movimientos anticonformistas: *hippy, punk, new wave, skinhead*. «La belleza no es belleza, es utilidad barnizada de belleza», afirmó José Ortega y Gasset en 1925. Desde entonces, a medida que avanzaba el siglo, prevalecía la concepción estetizante de la vida, hasta el culmen de la exuberancia que tiene lugar en la última década, como veremos a su debido tiempo. El pulso lo toman esas almas femíneas, impresionables, sentimentales, casi incoherentes, volubles, que se estimulan a sí mismas en mares de dudas y dificultades y, sin saber cómo dominarlas, burbujeaban en la creatividad en busca de más peligros para perecer entre ellos. Una definición del artista bastante tradicional, pero igualmente válida para este ensayo. ¿He dicho artista y estoy hablando de moda? Exacto, pero son casos muy concretos, y muy escasos. Nada de vagas acusaciones, hay que tratar las sombras del cuadro. Y eso es lo que me propongo hacer. Sin prisa, trato ahora de crear el ambiente, la atmósfera, los valores predominantes, que nazcan nuevas dudas, despertar inquietudes, nuevas pasiones. En fin, escribir un ensayo es algo nuevo para mí y, de momento, sigo tan confiada como emocionada.

En el marco del nuevo estilo de vida, hay dos ingredientes más que aún no he mencionado: la satisfacción inmediata y el éxito ligero. En este ascenso tuvieron mucho que ver los amplios y luminosos nuevos grandes almacenes, supermercados del derroche de lo «no necesario». El nuevo consumidor desconcertado por los fogonazos se arrodilla ante la diosa Publicidad y la venera hasta la saciedad. Compra sin piedad, cuantas más bolsas, más éxito, mayor culto a la deidad, más piadosa es la persona, un mundo lleno de fanatismo religioso, esa nueva religión que estamos definiendo. Digámoslo mejor en femenino, aunque yo nunca utilizo el lenguaje inclusivo (en este caso, es para fomentar ese protagonismo acusado de la mujer en todos los ámbitos de la vida). La «religiosa» se prepara para salir a «comulgar», compra, compra y compra, vuelve a casa cargada de fe; pero ¿qué sucede a continuación? Conforme vacía las bolsas en casa, estas pierden el brillo y la magia, son comunes, prendas de vestir sin más, pintalabios corrientes, algo está sucediendo: una nube gris de insatisfacción y de desconcierto lo inunda todo. Hay que volver pronto a la iglesia, «necesito más cosas».

Las modelos, los desfiles, los anuncios prometían otra realidad. Nadie se para a hacer un análisis, así que el problema es de uno, que no ha comprado suficiente. Los iconos consumistas cumplen con su obligación de alienar a la población, que cada vez consume más, se preocupa más por su imagen en detrimento de su salud mental, los referentes son tan irreales como inalcanzables. Detrás de ese altar de la nueva fe que hemos establecido aquí, de belleza natural, de joven despreocupada y libre de censuras solo hay un concepto. Es el que rige todo, el verdadero dios de la contemporaneidad: el dinero. Así lo demuestra el hecho de que es en este periodo que vamos a analizar cuando se establecen los grandes grupos que cobijan a las firmas de lujo internacionales. El poder de la moda pasa a mano de unos empresarios, que igual podrían trabajar con ladrillos o con carne de cerdo. Sin embargo, estos hombres ambiciosos, algunos de los más ricos del mundo, ponen el foco en el mundo de moda como promesa de riqueza sin igual. La nueva fe no engañaba a nadie, avanzaba sigilosa, pero firme, y ya tenía a sus apóstoles.

Estos años que aquí describo coincidieron con los años de mi primera juventud. Yo viví esa fascinación sin fin por las modelos magnéticas, vibrantes, tan seguras de sí mismas, tan perfectas, tan felices que eran veneradas como un culto a una realidad superior. ¿Eran humanas? ¿Hablaban, bebían, comían? Solo las veíamos en las revistas y, si eras afortunada, en algún desfile o videoclip. En movimiento eran aún peores, porque se movían como animales de otra especie, la perfecta escenificación, estaba todo tan estudiado y, en cambio, irradiaba tanta naturalidad que era alienante. Ninguna de nosotras sería nunca como ellas. Ahora, Instagram ha continuado esta línea, pero ninguna *influencer* llega a las cotas de divinidad que alcanzaron estas poquísimas mujeres de finales de siglo xx. ¿Las actrices de Hollywood? Claramente son el precedente; sin embargo, hay una clara diferencia: la cercanía. A las actrices siempre se las veía como inalcanzables, pero esas chicas jóvenes, que llevaban ropa que tú podías comprar y que parecían tan simpáticas y accesibles, eran un modelo real que sentíamos como una amenaza muy peligrosa, porque nunca llegaríamos a ser como ellas, a pesar de esa cercanía que digo. Simplemente, porque no había nada de natural, ni de real en todo esto. Eran el pececito que da forma a la caña de pescar, la puntita del iceberg, la lucecita que invita al bar, ya me entienden.

Esta nueva fe que tomó plena posesión a partir de la década de los ochenta, llegando a su cénit a la mitad de la siguiente, era compatible con todos los valores de todas las clases sociales, religiones, etnias y edades. La inquietante realidad moderna sobre el desdoblamiento, es decir, la doble visión simultánea sobre el interior y el exterior, se inclinaba irrevocablemente hacia la apariencia, descuidando hasta lo enfermizo todo lo espiritual. Quiero decir que una mujer de treinta y cinco años cómodamente casada y perfectamente católica también quedaba atrapada en esta nueva ilusión aparentemente mística. Era una red superior que envolvía todo lo de abajo, abarcando cualquier ideología que, por mucho que se resistiera, de una u otra manera quedaba atrapada en sus ideales. Moños aparentemente hechos al azar, pero que llevaban decenas de intentos para parecer precisamente azarosos, melenas estudiadísimamente despeinadas, buscando ese sinónimo de libertad a través de los cabellos, vaqueros a todas horas y para todas las ocasiones, con tacones, con dorados y mil brillos, etc.

De pronto, una ola de minimalismo se coló por la rendija. Pareció aquello como que, de tanta luz encendida, saltaron los plomos. Pero nada de eso, de nuevo era un espejismo buscado y meditado. Había que tirar todas las joyas, los excesos eran ordinarios, el gris era el nuevo oro; pero duró poco, había que volver a salir de compras, nunca era suficiente, ese nuevo dios estaba presente todos los días, siempre le faltaba algo. Y de fondo, las bellezas desconcertantes, aparecían aquí y allá recordándote que podías ser más joven, más bella, más libre, más feliz, solo hacía falta una cosa: salir a comprar. La revolución tecnológica aún no había tenido lugar, de manera que el acto de consumir era una experiencia real, chispeante e ilusionante. Una promesa de felicidad ficticia, pero que fue muy válida para muchas personas. El confesionario había mutado por un mostrador de Zara. ¡Cuántos divanes de psicología habrían ahorrado ingentes cantidades de problemas económicos a familias enteras de clase media! El poderoso era el que mejor compraba, más y más barato. En paralelo, despegaba la moda de lujo, la estratosfera de los verdaderamente privilegiados de la mano de dios. ¿Qué dios? Aquí me refiero al Dios verdadero.

Capítulo II

LA MODA COMO FENÓMENO ARTÍSTICO

HE DUDADO MUCHO sobre la posibilidad de utilizar otro término para designar la categoría artística que este ensayo pretende
defender. La palabra «moda» es tan hueca como manipulable en
el lenguaje actual. Tampoco me había convencido plenamente la
disciplina del «diseño», a pesar –o precisamente por– haberla im-
partido ante un hervidero de jóvenes de párpados entrecerrados,
con dudable predisposición para apreciar la vivencia estética, tan
poco vibrantes como sus expectativas. Impartir aquella asignatura, sin embargo, despertó en mí la inquietud que ahora toma
forma por fin, tras muchos años de reflexión, lecturas, vivencias
y experiencias sobre este tema.

La comprensión global del fenómeno no se puede disociar
de la historia universal, de ahí, en parte, mi incomprensión del
actual sistema universitario, que ha escindido el aprendizaje de
la Historia del Arte de su matriz. ¿Qué sentido tiene aislada de
las circunstancias políticas, sociales y económicas? ¿No es el arte
de cada época una consecuencia de todas ellas? Para explicarme
mejor, pondré una metáfora a modo de ejemplo. Imaginen una
disciplina científica que estudiara los colores y las formas de los

coches, sin mencionar aspectos sobre su motor, su combustible y su función. Obviamente, estaríamos hablando de su diseño, pero eso es irrelevante aislándolo de todo lo demás. Lo mismo ocurre al estudiar los retratos del Renacimiento italiano o del siglo XIX español. ¿Qué función tenían? ¿Qué objetivos perseguían? ¿Qué representan los símbolos que aparecen en ellos? Son incomprensibles sin un contexto que los justifique, que les dé sentido más allá de la mera apariencia que todos pueden ver, y más allá de los aspectos estrictamente técnicos que, evidentemente, sí se enseñan en esta carrera universitaria.

Defendiendo esta perspectiva de la Historia del Arte como disciplina científica global, me obligo a mí misma a plantear este epígrafe con profundidad y perspectiva. Para ello, en este caso que nos ocupa, es suficiente con echar la vista atrás algo más de un siglo, lo anterior no es rigurosamente necesario para la comprensión de la tesis que ahora les expongo. Entonces, sitúense en el momento histórico en el que nace el conocido como «progreso», la mecanización de la vida, la aparición y validación social de la fotografía, las mejoras en óptica y pigmentos, óleos y aceites nuevos, la luz eléctrica que modificó todas las relaciones humanas, las ciudades inundadas de colores nuevos y vibrantes, el abrupto cambio que supuso en la mentalidad del hombre la velocidad, los automóviles, los trenes, las motos, los aviones; de pronto, todo pasaba más rápido delante de sus ojos. La producción y reproducción mecánica de la imagen (fotografía) fue solo la antesala de los nuevos medios electrónicos (cine, televisión, vídeo). El imaginario colectivo avanzaba al unísono con una rapidez y una homogeneidad desconocidas hasta entonces. Todos estos cambios en la realidad cotidiana fueron los exponentes básicos que abrieron y dan sentido a los movimientos de vanguardia y, tras de ellos, a la nueva realidad que es la que aquí nos interesa.

Para facilitar lo expuesto hasta ahora, pondré ejemplos concretos. El fauvismo, que es un movimiento pictórico que nació en 1905, se basa en la utilización aleatoria de los colores: el pelo de una dama de color azul o una copa de un árbol de color rojo. Supuso una revolución sensorial acorde con los tiempos. El apodo de «las fieras», del que toma nombre el movimiento, va parejo a la extraña sensación generalizada de la que los artistas, como seres más sensibles y receptivos de estímulos, se hacían eco. En ese momento histórico, una inmensa parte de la población estaba viviendo una experiencia extrasensorial afectadísima al mutar de una vida rural, limitada a las tonalidades de la naturaleza, a la agresión visual que suponían las ciudades. Un cartel en rojo vivo era una novedad visual espectacular, no solo por el mensaje que pudiera llevar implícito, sino por las posibilidades que estaban dando los nuevos químicos con pigmentos más llamativos y vibrantes. Luces y colores artificiales por todas partes frente a los colores habituales del campo suponían una transformación visual sin precedentes.

Algo parecido sucedió con el futurismo, que es otro movimiento de vanguardia que no se entiende si no se inserta en los avances de locomoción. Como ya he dicho, la velocidad transformó la vida de toda la sociedad, y no solo facilitándole los desplazamientos. Podríamos decir que todo «se aceleró», el ritmo en la manera de vivir aumentó vertiginosamente. Y eso es lo que pretende mostrar esta corriente artística, los distintos planos, las secuencias, ese ritmo desenfrenado y desconocido hasta entonces. La velocidad se convirtió progresivamente en prisa y, finalmente, en ansiedad, la gran enfermedad mental del siglo XXI. La actividad creadora solo se ha ido haciendo eco del vértigo veloz como nueva ley de vida, que comenzó en la Europa de posguerra. El cubismo rompe la perspectiva tradicional que estaba plenamente asentada desde el Renacimiento, experimenta con los planos, en un juego cerebral. Asimismo, la burguesía dejó de encargar retratos pictóricos para ostentar su rango dentro de las casas. Ahora había algo mucho mejor e, incluso, más selectivo: el retrato fotográfico. En esos primeros años del siglo xx, conducir un automóvil o tener un retrato fotográfico eran signos de verdadera distinción social.

Tras estas experimentaciones encadenadas y efímeras, desde el final de la Segunda Guerra Mundial, la situación en la que se encontraba la vanguardia artística, fundamentalmente la plástica, que es a la que me voy a referir de manera permanente en este epígrafe, era de una falta total de perspectivas. Esta investigación formal que venimos analizando y que comenzó con el movimiento impresionista, una vez superada la imitación fiel de la naturaleza gracias a la invención de la fotografía, y que continuó con los diferentes movimientos de vanguardia sujetos a la arbitrariedad del color, del movimiento y de la división de planos, estaba completamente desacreditada. El final de esta época de experimentación formalista desembocó en los últimos movimientos más o menos consistentes de la vanguardia occidental: el expresionismo abstracto en Estados Unidos y el informalismo en Europa. Ambos, pasada la mitad del siglo, estaban también superados como aportación histórica.

En adelante, todo lo que se hizo fue parodiar lo anterior con más o menos gracia, suerte o desparpajo. Desde las trincheras del arte contemporáneo, el ánimo iba en declive; no así en los círculos del mercado del arte, que conocieron un esplendor sin precedentes en la historia del arte universal. La pintura de las últimas décadas del siglo vivió una gloria tan desconcertante como paradójica. Era cotizado como un valor seguro, elitista y sofisticado, al alcance de unos pocos adinerados que se consideraban más cultos y preparados que el resto. Una burbuja de ilusión que vino muy bien a muchos pintores –que no artistas–, que vivieron años de bienestar conseguido gracias a su desenvoltura y desfachatez. Esta vía de expresión, sin embargo, iba eclipsándose y quedando obsoleta ante tanta ridiculez, tomadura de pelo y falsas esperanzas.

La tela que conformaba los lienzos permanecía inerte, quieta, encerrada en un rectángulo o cuadrado para ser colgada en una pared, probablemente sin la necesidad de un marco que la ensalzara y protegiera, porque, en realidad, no había nada que ensalzar, ni proteger. En paralelo, otras telas tomaban un vuelo cada vez alto, con otra finalidad bien distinta. Este ensayo pretende recoger el sentido y recorrido de esta nueva vía de expresión que se fue desarrollando, precisamente desde esa mitad del siglo pasado, en la que la pintura comenzó a estancarse como vía de expresión preferente. Un camino ascendente, frívolamente tratado desde la perspectiva científica de forma habitual, pero con algunos ejemplos que cumplen rigurosamente con lo que se le solicita al Arte –con mayúsculas–, hastiados como venimos de la infinidad de modalidades y refritos sinsentido del que se ha surtido el mercado artístico de la posmodernidad.

Priorizo aquí la libertad auténtica, el virtuosismo, el dominio de la técnica, la destreza, el talento y el esfuerzo que han caracterizado a los grandes genios de la historia universal del Arte. Con el dadaísmo la actividad creadora comenzó a ser reducida al mínimo, el estatus de obra de arte lo comenzó a otorgar la caprichosa decisión del autor, en una búsqueda de esa felicidad individualista exenta de valores y desprovista de la necesaria y humanizadora riqueza simbólica. En este mundo de ostentoso bienestar industrial, empobrecido en los valores esenciales de espiritualidad y belleza tras estas décadas en las que cualquier cosa era ensalzada como pieza artística, parece cada vez más necesaria la búsqueda de la exigencia en la calidad. Comencemos de nuevo a separar lo valioso de lo deleznable. Obviamente aquello es mucho más escaso que esto, por eso es fundamental recuperar los fueros de la racionalidad y aplicarlos a la riqueza y solidez de la cultura, tratando de extraer para su estudio únicamente aquello que roza lo ilimitado, lo sublime.

En este sentido de búsqueda de lo excepcional es en el que tenemos que situarnos. La fantasía auténtica que ha caracterizado a los verdaderos artistas de todos los tiempos engarzada en un discurso sólido y coherente, capaz de conmover, de emocionar y de enamorar a todos esos seres incapaces de crear, pero ansiosos por sentir: el público. Hay que buscarlos en cualquier disciplina, porque el hombre ha utilizado a lo largo de la historia múltiples soportes y técnicas para expresarse. Son medios de expresión, pero no tienen por qué ser expresión artística en sí. Esta idea es fundamental para la comprensión total de lo que aquí trato de explicar. Es decir, una persona puede utilizar un pincel, óleos y lienzos y decir que es un pintor, pero eso no significa que sea un artista y, mucho menos, que el resultado roce la artisticidad. Lo mismo sucede con la fotografía o con la creación de indumentaria, que es, a fin de cuentas, lo que entendemos como moda.

El factor común es la creatividad, entendida como una especie de magia que ilumina el pensamiento, haciendo imaginar y producir objetos fascinantes, asombrosos, que bien pueden ser objeto de polémica, así como blancos reiterativos para la condena moral. Al verdadero artista, que es huidizo por naturaleza, le es consustancial cierto salvajismo y una actitud vital anarquista; todo ello guarnecido por una persistente desesperación subliminal, que puede exteriorizarse de maneras muy diferentes, desde actitudes divinizadas hasta otras irónicas, que lleguen al más puro sarcasmo. La sutileza de penetrar en los terrores del alma, arrancando pétalos de las flores del mundo natural, suele hacerse trabajando en la intimidad de sus respectivos talleres. Solitario trabajo del artista, que, si necesita de otros para elaborar sus obras –como es el caso de los diseñadores de moda–, va manifestando sus excentricidades y rarezas a medida que avanza su éxito, en una lucha infernal contra sus propios instintos.

Para mí, hay un ejemplo irrefutable de un ser que, mediante la utilización de telas, tijeras, agujas, hilos y un sinfín de materiales más, ha creado una de los grandes legados artísticos del siglo XX. Es un diseñador de modas, acepto el término, pero con un imaginario riquísimo, una obra fundamentada perfectamente en realidades comunes, así como en una fantasía excepcional engarzada en su propio sufrimiento, una capacidad indiscutible para rozar lo sublime y una personalidad complicada y difícil, como la de todos los artistas. Alexander McQueen es, para mí, uno de los grandes genios del arte a caballo entre el siglo pasado y este. Su obra está apoyada en la literatura, en el cine, en la historia de su país, de sus raíces y en sus propios fantasmas personales. Utilizó el cuerpo femenino como soporte para su inmensa creatividad, pero no con la simple ilusión de embellecerlo; había algo más. Sus puestas en escena eran apoteósicas. ¿Alguien puede negar que aquí hablo de Arte? ¿No está en sintonía con esa nueva fe que ya hemos descrito?

No es el único diseñador de moda que podría aspirar a la categoría de artistas, pero tampoco hay muchos más. Ni siquiera la propia Chanel tiene los requisitos que aquí defiendo para situarla como referente en este ensayo. Es cierto que ella innovó y revolucionó algunos conceptos afines a la indumentaria femenina, pero carece de sustento ideológico, no veo que haya nada más allá de una capacidad asombrosa para visualizar las necesidades antes de que surjan, un tesón y una ambición desmedidas y un sentido muy refinado y agudizado de la estética, que empezaba por ella misma. Había quizás en ella algo que es común a muchos diseñadores: un claro deseo de inclusión en las altas capas de la sociedad a través de su oferta exclusiva de prendas de gran calidad e innovación. Claro que esto tiene más que ver con la artesanía que con el trabajo artístico. Si tuviera que señalar dos personalidades más que cabrían en la categoría de artista serían (en este orden): Ives Saint Laurent y John Galliano. Hablaremos largo y tendido de ello, cuando corresponda. No veo tampoco nada artístico en el legado de Karl Lagerfeld, cuyo perfil es paralelo al de Andy Warhol en pintura, es decir, personajes que han sabido ensalzarse de tal manera que han conseguido convencer al mundo entero de su discutible talento artístico.

En las mismas cotas de artisticidad que he situado a McQueen, ascendería al fotógrafo alemán Peter Lindbergh, que fue capaz de captar el espíritu de su tiempo. En este caso, el vehículo es la cámara fotográfica y el soporte el papel fotográfico (hoy imagen digital) o el papel cuché de las revistas de moda femeninas, pero lo fundamental era su sensibilidad para ver exactamente lo que había que perpetuar, el momento, la luz, el sentido de la imagen, lo que transmitía la expresión. Si trataba de desnudar almas, ¿cómo puede catalogarse como fotógrafo de moda? Pues, así es. Tenía un buen gusto extraordinario, un sentido del equilibrio y del ritmo muy germánico y, a la vez, perfectamente inserto en la nueva dinámica de vida estadounidense. Es curioso, pero tanto que he tratado en el capítulo anterior el marcado sentido norteamericano que transformó a la civilización occidental en las últimas décadas del siglo xx y, por más que lo intento, aquí solo he citado a artistas europeos. McQueen era inglés, Saint Laurent era francés y Lindbergh era alemán. Podríamos aceptar a Galliano como español, por eso de que nació en Gibraltar de una madre gaditana, pero creo que es barrer muy forzadamente para casa.

Capítulo III

LA ALTA COSTURA
COMO FUENTE DE LIBRE INSPIRACIÓN
MODA DE LUJO/MODA DE MASAS

«La moda tiene que ser la evasión más embriagadora respecto a la banalidad del mundo».

DIANA VREELAND

SIGUIENDO CON MI tesis firme de que es imposible comprender ningún aspecto de la Historia del Arte sin la lógica de los acontecimientos históricos –de ahí que insista en la aberración de haber creado un grado universitario centrado únicamente en esta disciplina–, esbozaré el contexto político y cultural que provocó la escisión entre la moda de lujo y la moda de masas, permitiendo que la primera rozara las cotas de artisticidad que este ensayo defiende, y que no habrían sido nunca posibles sin esta coyuntura.

Remontándonos brevemente al siglo XIX, valdría como pistoletazo de salida el enfrentamiento de dos potentes grupos sociales, que, paradójicamente, se encuadran según los parámetros de la historiografía vigente en la misma categoría. La burguesía decimonónica estadounidense se desarrollaba en unas ciudades aún por construir, sin arquetipos rígidos, sin más horizonte que el enriquecimiento inmediato como método de ascenso social. En el otro lado del Atlántico, la burguesía inglesa, conocedora de ser la primera potencia industrial del mundo, seguía adoptando su seguridad y su dictado estilístico y moral de la imitación a la aristocracia. A ello hay que sumar que, de manera general, y en contraposición a la americana, la burguesía europea de todo el siglo XIX y gran parte del XX vivía imbuida en las tensiones sociales, políticas y económicas del viejo, competitivo y ambicioso continente europeo. El sueño burgués de alcanzar los modos de vida aristocráticos, a través de una mujer ataviada como tal, no encontraba su sentido (ni su frustración) en el continente americano, que estaba libre de estas ataduras morales, llenas de inseguridades y complejos heredados.

De esta manera, avanzando el tiempo, se entiende que lo que triunfó a un lado del océano no pudo llegar al otro hasta que la supremacía política y económica del primero fuera una realidad de hecho. Y esto no sucedió de forma sustancial hasta el final de la Segunda Guerra Mundial, momento en el que Europa quedó completamente desacreditada a todos los niveles, frente a la superioridad indiscutible de los americanos. A partir de la década de los cincuenta, la moda comenzó a despojarse de su sentido mimético aristocrático, de la orientación hacia ese espejismo de connotaciones históricas. En la calle, ya hacía tiempo que se había ido observando: la realidad que aparecía en las revistas femeninas no encontraba tan claramente su respuesta en la mujer que caminaba por las ciudades. La transformación en el imaginario colectivo para la forma de vestir estuvo muy influenciada por varios factores, entre los que destacan la nueva vida deportiva, el acceso de la mujer a la vida laboral y el turismo. Sin embargo, sobre todo esto hay un hecho superior vinculado a algunos de los apóstoles de la nueva fe: la velocidad, el capitalismo y el narcisismo. Me refiero sin lugar a dudas a la exteriorización del logo como símbolo indiscutible del muevo prestigio: la marca.

Antes de desarrollar el avance de esta nueva condición para el éxito llamada «marca», voy a continuar la secuencia histórica de este proceso de cambio en la actitud universal frente a la indumentaria, de acuerdo al traspaso de poderes que ya he mencionado. Después de la Segunda Guerra Mundial, en Francia, que llevaba siendo durante mucho tiempo la cuna de la cultura con mayúsculas, en literatura, en pintura y, por supuesto, en el significado más elevado de ese concepto tan anhelado que es la elegancia (no en vano, era la lengua que todo niño bien debía aprender nada más nacer), un diseñador estableció, con un éxito arrollador, una nueva silueta femenina que volvía a ensalzar la imagen-lujo europea de manera amenazante. El *New Look,* de Christian Dior, que ensalzaba la feminidad más vana e inalcanzable, suponía que París mantendría su podio histórico como referencia mundial de la sofisticación y el lujo. Esa idea era incompatible con la nueva realidad política y económica, y Estados Unidos lo vivió como una osadía que amenazaba su anhelado nuevo podio. Aquella fiesta privada que estaba endiosando de nuevo la ciudad de la Torre Eiffel se vivió como un auténtico enemigo para los intereses estadounidenses. Había que contraatacar.

Y así fue. Un atuendo para todos, un uniforme de discurso único. La simplificación del diseño tenía pareja otra realidad más práctica: facilitar la producción industrial en serie, aumentando así las plusvalías. ¿Y de dónde sacar el modelo? Un elogio patriótico que representaba el encumbramiento de la ropa proletarizada estadounidense, ese espíritu *country* del *cowboy* y la *cowgirl* sin complejos, en lengua inglesa, todo ello por la vía de la libertad, de la diversión, de la comodidad, del dinero fácil y rápido, del éxito inmediato y arrollador. Los adolescentes sexys de todo el planeta ya tenían que ponerse, y no solo ellos; los adultos imitarían este nuevo lenguaje universal: el pantalón vaquero y la camiseta blanca. La rápida aceptación de este modelo vino de la mano del cine, principalmente, pero también de la literatura. Y continuó su imposición ascendente de manera imparable durante toda la mitad del siglo xx. ¿Quién puede olvidar ese anuncio de Pepsi que protagonizó la espectacular americana Cindy Crawford con unos *shorts* vaqueros y una camisera de tirantes blancos? Un erotismo a flor de piel inserto en el americanismo más visceral y elocuente. Una diosa sexual camina, bajo la atenta mirada de los niños, desde su coche rojo hasta la máquina de refrescos para saciar su sed. Una mujer con el uniforme de la libertad, que busca el placer, rápido, inmediato, el «ahora» como lema, y lo sacia a golpe de moneda. Corría el año 1992, un año efervescente, entusiástico, bullente, enérgico, como la bebida que se anunciaba.

¿Cuántas veces habremos oído esta idea?

«Estaba radiante y no llevaba nada, unos vaqueros, una camiseta y la cara lavada…» Pero es una contradicción, ¡porque lo llevaba todo! Todo lo que había que llevar entonces, que era el uniforme del triunfo. Para lucirlo bien, sin embargo, había que tener la suerte de estar bendecida por la buena genética, porque ese «simple uniforme» no daba pie a esconder las imperfecciones, como el New Look de Dior, por ejemplo. El éxito de esta sencilla y mitificada indumentaria americana ha sido largo en el tiempo. Aunque aún es habitual entre la juventud, ya no tiene implícito el estatus de persona exitosa que tenía a finales del siglo pasado. Como dato elocuente también, recordaré aquí el acto de inauguración del estadio de La Cartuja de Sevilla, que tuvo lugar el

5 de mayo de 1999. Yo tenía veinticinco años, me contrataron para ese acto como azafata para los palcos vip, junto con otro grupo de chicas de similares características. Todas debíamos ir así vestidas con las prendas ya mencionadas: vaqueros y camisetas blancas. No nos las dieron, las debíamos llevar de casa. Recuerdo rebuscar entre mis pantalones vaqueros para ver cuáles eran los que mejor me quedaban, todas solíamos tener varios. Algo tan sencillo y tan complicado. Al final, salió todo bien y evoco la vivencia con agrado y cariño, vestida con el perfecto uniforme americano para la inauguración de un estadio de fútbol en Sevilla, tiene mandanga la cosa.

Tras este inciso personal, retomo el camino hasta llegar al «teatro de la moda», que es el objetivo de este trabajo. Salvada la guerra por la hegemonía de la moda entre París y Estados Unidos a favor de los segundos, comenzó el ascenso tan fulminante como imparable del progreso de la moda industrial, con la promoción incansable de otorgar la calidad de moda al vestido de las masas. Atrás quedó la idea de que solo los grupos restringidos que monopolizaban el poder podían llevar una indumentaria atractiva y acorde con las novedades estéticas. Desde finales de la Edad Media hasta mediados del siglo XIX, la indumentaria a la moda había sido un privilegio de las clases altas, que, tras dejar atrás las evidencias de su superioridad a través de la armadura y las señales bélicas (que, por supuesto, se mantuvieron en la decoración de sus palacios), recurrieron a la distinción en los ropajes para evidenciar en todo momento su diferenciación social y económica, lo más cercana posible a la regia. En estos siglos el valor de la moda era casi estrictamente artesanal, pues esta era la consideración que tenían sus creadores, de acuerdo a la realidad sociohistórica de Occidente.

El romanticismo fue un periodo de furor en el ornamento femenino, las modas iban cambiando más deprisa cada vez, era algo así como que, en cuanto las damas de las clases más elevadas veían que las inmediatamente inferiores ya copiaban sus ingenios, cambiaban drásticamente para volver a mantener la distancia y dejar claro que ellas no iban ataviadas como esa mayoría de abajo. Fue aquella una etapa fascinante para la mujer, que podía empezar a desatar sus pasiones femeninas con un poquito menos de censura social, mostrando los hombros, escotes más amplios, ricitos juguetones sobre el rostro, en fin... la época del amor galante fue el inicio del juego sexual que, aumentando incesantemente, ha perdido el norte por completo en la actualidad, con el perreo y otras obscenidades más propias de animales que de seres humanos. Volviendo a ese apasionante siglo XIX, había que conseguir salir por completo del mundo de la tradición, que valoraba lo permanente y antiguo, frente a lo novedoso, que es cualidad implícita en la moda, para poder dar el salto a la libertad imaginativa. La negación del poder inmemorial del pasado tradicional fue fundamental para poder celebrar el presente social y las fiebres modernas de las novedades. Está bien llevar de vez en cuando una joya de la abuela, pero el vestido tiene que ser tendencia y que se vea claramente que una la domina, porque está informada y pisa fuerte su presente.

Esta frivolidad que implica la superioridad de lo actual y propio frente al pasado y sus costumbres es clave en la aventura capitalista, democrática e individualista de la etapa histórica de la indumentaria occidental que comienza a partir de la segunda mitad del siglo XX. Si bien es cierto que la fantasía ha desplegado, históricamente, sus artificios y sus exageraciones en la alta sociedad, con la lógica que a continuación voy a exponer, quedará claro que todo el cúmulo de maravillas se separó de la moda de las masas para pasar a otra estratosfera diferente, manteniendo el *ethos* aristocrático de esplendidez, lleno de desprecio al trabajo, coronado por la extravagancia, cargado de asombro, de fascinación, buscando ser el blanco de las condenas morales. Todo ello se mantendrá, y ¡cómo!, pero vamos a ver el camino hasta ese culmen; aunque me cueste, no voy a abalanzarme, porque iría en un claro detrimento de esta exposición de hechos e ideas.

Durante la primera mitad del siglo xx, las corrientes de arte moderno influyeron notoriamente en la transformación democrática de la moda. La fusión de la industria y la moda implicó un cambio de mentalidad, que evidentemente también quedó exteriorizado con el acceso a la cultura de una mayoría, que, previamente, veía impensable acudir a una exposición, a una obra de teatro o, después, al cine, ese oscuro lugar en el que un grupo de personas fantaseaba a la vez con personajes que se movían, hablaban, se besaban, bailaban, fumaban y, cómo no, vestían como dioses inalcanzables. ¿Inalcanzables? Había que intentarlo. Este es otro punto fuerte en la aceleración del consumo. La clave es el nacimiento del *prêt-à-porter* (en francés), el *ready to wear* (en americano) y que nosotros vamos a llamar *listo-para-llevar*, ya que este ensayo está escrito en español, por una española, y no necesitamos términos importados, teniendo nuestro propio lenguaje bien amplio y bello. Así que la industria permitió que la ropa ya no fuese necesariamente hecha a medida, con unos tiempos demasiado largos, y la incertidumbre de ver el resultado final, con la inclusión de desagradables sorpresas. Se iba a una tienda, se probaba la prenda y, ¡zas!, a la calle con ella. Era algo demasiado maravilloso para ser real, pero lo era, y definitivamente.

La primera ola generalizada de la ropa confeccionada para llevar tuvo lugar en los años sesenta. Provocó progresivamente un desinterés por la ropa de lujo, que se empezaba a asimilar a lo caduco, lo obsoleto, el mundo viejo y decadente. La pintura, la fotografía, el cine decían que lo novedoso era lo válido, que la rapidez era una norma fundamental y que lo fugaz era sexy, así que aquella promesa de felicidad tuvo pronto unos nuevos templos en los que esparcir las oraciones de esa nueva fe ya descrita: los grandes almacenes. Estos espacios amplios, llenos de brillo, con puertas inmensas que invitaban a desfilar por sus plantas llenas de joyas modernas, apetecibles, provocaron una mutación social colosal, no solo estética, sino también simbólica. El nuevo ocio era comprar, pero la compra debía ser inminente, rápida. Algo así como tener una cita un viernes por la noche y ese mismo día salir a por el disfraz de diosa y acertar de lleno, todo a golpe de talonario. Fugaz la ropa, fugaz la conquista y fugaz el placer, todo muy *funny*, eso sí.

Una fiesta creada por el consumo, con las marcas para mantener las jerarquías sociales, que ya se establecían en base al poder adquisitivo más que a cuestiones de educación o historia familiar, la realidad creativa en torno a la moda cambió de forma drástica. No me refiero ya aquí al joven de Levi's Strauss y Lacoste frente al de un Lee y un Benetton. Claramente, las marcas establecían distinciones, pero todo era a fin de cuentas ropa industrial hecha en serie con mejores o peores calidades, que no siempre tenía que coincidir con la calidad de las prendas. De hecho, dicen las malas lenguas que las marcas se empezaron a exteriorizar en América, porque allí eran incapaces de distinguir calidades y el sello de garantía era lo único que les animaba a la compra, como a ciegas. Una humillante realidad, me parece a mí, que lamentablemente hemos compartido todos alguna vez. La marca ha dado seguridad a los adolescentes durante muchas generaciones. Algo así como que yo valgo según el precio de mis zapatillas. Creo que está ya mutando, afortunadamente para el bien del planeta y, por ende, de todos nosotros.

Volviendo a lo que aquí nos interesa realmente, la velocidad y la eficacia de la prenda ya hecha fueron fundamentales para el éxito de este nuevo sistema de indumentaria. Ayudaron los nuevos materiales, como el nailon, el plástico. Una satisfacción inmediata en el marco de un nuevo estilo de vida. Todo parecía colaborar a la deseada liberación de la mujer contemporánea, aunque en realidad este vergel de facilidades escondía un caos absoluto, que muchas han pagado muy caro. De nuevo la inquietante reflexión moderna sobre el desdoblamiento, la doble visión simultánea del interior y el exterior. Como estandarte, la nueva religión exteriorizada en una marca, como si fuera un crucifijo, vírgenes de oro envueltas en papel celofán, en forma de bolsas de papel con logos impresos, lujo, lujo, lujo, pero ¿qué tipo de lujo era ese? Aceptado consensuadamente ese era el lujo de las masas, de la gran mayoría de la población, que desplegaba rabioso y ansioso unas alas ficticias que, sin embargo, habría las puertas a otro lujo muy superior, que rozó lo sublime, y duró poco, apenas unos años, pero es el que da sentido a este ensayo. Y arranca justo desde este momento en el que la ropa industrial para masas va perfeccionándose y cambiando cada temporada para enganchar y enamorar a sus víctimas.

Cumplida la misión de vestir a las mujeres de todas las clases sociales, el diseño de ropa quedaba libre de ataduras. Las grandes firmas, ya metamorfoseadas en lujosas marcas comerciales, también había caído en la tentación del *prêt-à-porter,* así que la fantasía más pura quedaba libre de obligaciones. El caldo de cultivo para la escisión era una realidad palpable. De esta manera, llegados plenamente a los años ochenta, la vía experimental quedaba libre de ataduras. Los diseñadores de moda estaban muy ocupados creando para vender en masa. La costura a medida había quedado obsoleta, apenas algunas mujeres en el mundo habían quedado ancladas a esta costumbre. Como consecuencia, apareció la magia. Ya no había excusas para los genios de la aguja, se había abierto una nueva vía de investigación libre de las ataduras de la utilidad, del comercio y de la necesidad. Una nueva sala de exposiciones: los desfiles de moda, entarimados ya, no a ras de suelo como antes; unas nuevas diosas: las modelos famosas; los desfiles tenían narrativas, había una ideología, no solo la necesaria búsqueda de la belleza, mucha belleza; puestas en escena cada vas más estudiadas y grandiosas. Fueron estos los verdaderos espectáculos de lujo de finales del siglo XX. Los diseñadores se hicieron tan famosos como los actores de Hollywood, las estrellas del rock o del pop. De la ópera del siglo XVIII a los desfiles de alta costura de finales del siglo XX: el arte de las élites.

Capítulo IV

LA SACRALIZACIÓN DE LA BELLEZA FEMENINA

Para la comprensión global de la exposición de ideas que voy a verter en este capítulo, hay que escindir el título en dos aspectos principales: por una parte, la narrativa que se asocia a esa nueva sacralización; y, por otra, los aspectos meramente representativos. Lógicamente, son indisolubles, pero marcar desde en principio las dos capas, aunque en el desarrollo las vaya solapando, clarificará la lógica de mis argumentos. Para plantearlo mediante interrogantes, mi labor aquí es resolver estas dos cuestiones: ¿Qué pautas discursivas se asocian a la santa belleza femenina de finales del siglo xx?, ¿qué requisitos estéticos son los fundamentales para alcanzar ese espectro divino?

También considero importante aclarar desde el principio que vamos a tratar una belleza que se expondrá tanto en imágenes como al natural, es decir, trataremos cuerpos vivos en movimiento. Es importante tener presente esta ambivalencia, frente a lo estático de la estética divinizada en épocas anteriores, que solo se reproducía en estado de quietud, ya fuera a través de esculturas en mármol o en retratos pictóricos o fotográficos. La mujer de las últimas décadas del siglo xx necesitaba la fotogenia, por supuesto, pero también debía controlar sus movimientos, poses y sonrisas. Los videoclips y las pasarelas eran escenarios en los que aparecían en movimiento; y, si bien los primeros daban margen a enmascarar ciertas imperfecciones, los segundos eran espectáculos en vivo y en directo, que necesitan de unas divinidades sin fisuras.

En mi intento continuado por ir al grano, evitando perspectivas históricas reincidentes y sobreentendidas, trazaré solo una brevísima línea que nos conecte pasado y presente sin entretenerles con aburridas obviedades. Desde la Antigüedad, la asociación de belleza y divinidad, como transmutación de que la primera es sinónimo de bondad, superioridad y virtuosismo, es clarísima. Durante muchos siglos, las representaciones escultóricas de las divinidades son el referente que tenemos para conocer los códigos estéticos. Con la estabilización del cristianismo como religión oficial de Occidente, se unificó la estética femenina en una sola mujer, la Virgen María, que era la más bella de todas las mujeres por razones obvias. Así es que, con la excepción de los retratos de reyes, aristócratas y alguna que otra cortesana, la imagen que tenemos de la mujer ideal durante bastantes siglos es la que nos muestran los cuadros religiosos, que representan la gran mayoría de las pinturas occidentales de la Edad Moderna. Los cuadros de Historia y los mitológicos dan también alguna pista, pero sin olvidar que, en los primeros, apenas aparecen figuras femeninas y, en los segundos, se podía fantasear en otro plano diferente al de los códigos reales, puesto que eran escenas que representaban otra época y no estaban vinculadas a la religiosidad vigente, esa que marcaba todos los ámbitos de la vida y de las creencias.

En el siglo XIX, a pesar de permanecer esa ideología cristiana tan arraigada, comenzó a despuntar una figura femenina nueva y amenazante, fascinante y embriagadora, que se iba definiendo socialmente en torno a un físico poderosamente erotizado. La mujer fatal ha tenido importantes antecedentes en todas las culturas, pero este rastreo ya está muy hecho en varios trabajos sólidos, con lo que aquí solo nos interesa como contrapunto a la mujer decente, aceptada socialmente como la de la moral correcta y honorable, frente a esa mujer libertina y de sexualidad peligrosa. La sensibilidad erótica iba despertándose lenta, pero imparablemente. Desde el siglo XVIII, la pintura galante es un claro ejemplo de lo que expongo, seguida de una literatura cada vez más erotizada, que tenía su reflejo en la indumentaria, en las formas de comunicación visual y en los juegos sociales relacionales. La mujer de clase social alta, en los países más desarrollados de Europa, imitaba en sus formas de vida a la realeza, pero quizás en ese espejo es donde estaba precisamente el peligro, y no voy a poner ejemplos, porque creo que no hace falta y porque así no me pillo los dedos innecesariamente, prefiero dejar las exposiciones personales para cuestiones más artísticas.

Esa nueva mujer que sabía leer, que empezaba a pensar y que aspiraba a trabajos ejecutados habitualmente por varones era un ser temible. En las artes, esa mujer era fatal, además de bellísima y sexualmente irresistible. En contraposición, estaba la mujer honorable, buena, entregada a su hogar y a su familia, y que también podía ser bella, pero era otro tipo de belleza, más dulce y amable. La primera es de belleza agresiva y sexualizada; la segunda es de belleza blanca y virginal. Avanzando en el tiempo, y en ese intento de abreviar los antecedentes que me he marcado, llegaremos al momento que aquí nos ocupa, y cabría preguntarse ¿cuál de esas dos mujeres salió vencedora? La casta y buena, o la divertida y malvada. La respuesta es sencilla: se solaparon o, mejor dicho, el capitalismo supo extraer lo mejor de cada una para su beneficio. Le interesaba la moral aceptada de la primera, pero el atractivo impotente y erotizado de la segunda. De esta manera, el nuevo modelo inventado y marcado como referente social sería una mujer decente, fácilmente identificable con las clases sociales que veneraban el acto de comprar y tenían posibilidades de practicarlo habitualmente, pero libre y atractiva.

Lo único que no tenía alternativa era la edad. Las nuevas diosas eran jóvenes, muy jóvenes, jovencísimas. Y eran delgadas, cada vez más delgadas. En la etapa que nos concierne aún eran mujeres sexualmente atractivas, porque no llegaban a esa delgadez extrema y enfermiza que continuó en el tiempo. Las diosas del apogeo finisecular eran mujeres perfectamente moldeadas, en un aspecto saludable y real. Era importante que todo pareciera real, posible, cercano, para que cada una de nosotras pensara que también podíamos ser como ellas. Sonrisa franca y maquillaje natural (conceptos asociados a mentes sanas, sin cargas morales, con vidas sin problemas), pelos al viento, aunque con esmerado descuido (concepto asociado a la libertad, a la velocidad, a una vida plena de ocupaciones, viajes, ocio al aire libre), cuerpos esculpidos y solemnes, pero como venidos así de fábrica, y puede ser ¿por qué no? Pero la gran mayoría no tiene un gramaje genético tan de élite, así que, para animarlas, se presentan como aficionadas al deporte habitual, asociado al baile y a la diversión. Y, casi lo más importante, con una carga de erotismo apabullante. En resumen: mujeres sanas, moralmente intachables, libres e independientes y atractivas hasta la extenuación. Así son las nuevas divinidades. Su hechizo marcó el final de un siglo, y de un milenio entero.

Se inauguró con ellas el devaneo entre un sentimiento ambivalente. Cuando mirábamos las biblias de esta época, en las que ellas aparecían para subyugarnos e invitarnos a seguir practicando la oración y sus penitencias (la compra compulsiva e intermitente), ¿admirábamos la prenda o la mujer? En mi caso, por ejemplo, como mujer muy mujer, es decir, con cero tentaciones sexuales hacia las de mi género, confieso que es difícil de especificar con claridad. Recuerdo esas portadas de revistas, esos anuncios, esos videoclips de los primeros años noventa y quedar completamente fascinada. No había nada mejor que esas mujeres en el mundo entero, todas queríamos ser como ellas. En cambio, no recuerdo apenas nada de lo que llevaban puesto. Generalmente, era lo de menos. Era su actitud, el descaro, la seguridad, ese erotismo tan aplastante, esa ausencia de miedo, la sensación de que no tenían ningún problema; en definitiva: su dominio de la vida. ¿Acaso no es eso lo que nos enseña una religión? A vivir sin temor, nos marca unas pautas de comportamiento, nos asegura la felicidad y la vida eterna. Y una de esas fotografías, ¿no era en sí misma una vida eterna?

En cuanto a las ambiciones de las niñas bien, con las que yo también me crie, de ser una gran señora y formar una familia ejemplar y ordenada, ¿acaso ese sueño era incompatible con esas diosas tan bellas y felices? Pues no solo no lo era, sino que muchas de aquellas modelos han continuado con sus vidas de esta manera, confirmando que la industria lo que pretendió (y consiguió) fue captar el interés de todas nosotras. Las que querían ser más transgresoras también tenían entre esas diosas un modelo que imitar; de pronto, una de las más famosas se cortó el pelo como un chico y se lo tiñó de rubio, ¿era eso para las burguesas? Pues también, se puso de moda el pelo cortito, y eso, francamente, sí que no es algo que nos favorezca a todas. Las nuevas diosas eran varias y sus nacionalidades eran también importantes. Las más populares tenían físicos muy diferentes, eso también era una magnífica estrategia, pues hacía la identificación más fácil. Una era americana, de feminidad marcada y generosa, tan poderosa como el lunar que lucía encima de su labio, castaña de melena leonina; la otra era alemana, representaba la antítesis, una belleza más fría, más dulce, más inocente, menos agresiva sexualmente, aunque jugaba con el erotismo igualmente de manera permanente. Ambas han formado una familia feliz y siguen siendo referentes de esta época. Han demostrado la inteligencia y la fuerza necesaria para llegar a ser unas estrellas jovencísimas y sobrevivir a ese estado, que, claramente, ya nunca volverán a alcanzar, a pesar de seguir estupendas las dos.

El estilo de estas nuevas diosas estaba bien lejos de las formas de vida aristocráticas que esbozaban las poses y formas de las modelos de mediados del siglo. No había códigos de competencia social, ni racial. Las ideologías eran aparte. Solo importaba una cosa: la belleza categórica, pasada por el ojo de un buen fotógrafo o director de escena, y despertar la «piedad» de sus fieles, ya saben a estas alturas a qué me refiero. Su objetivo estaba claro, y el nuestro también. Estas supermodelos eran parte fundamental del juego consumista, eran mercancía de probado valor, cuyo cometido fue establecer el ideal global y uniformizado de belleza, utilizado por compañías occidentales para dirigirse al mundo entero. Su belleza (mucho menos natural de lo que parecía) simbolizaba las posibilidades de que eso que ellas llevaran o hicieran iba a permitir alcanzar la felicidad. Ya estaba en uno decidir si esa idea iba asociada al éxito, al amor, a conseguir dinero, a ser aceptado en algún ámbito concreto o a todo eso junto.

Estas diosas que la nueva fe estableció como cénit de su espiritualidad marcaron claramente los patrones normativos de feminidad del final del siglo XX, convirtiéndose incluso en iconos culturales, al igual que músicos, actores, artistas o deportistas. Mujeres bellas que eran profesionales, independientes, pero también honestas, decentes, deseables, dueñas de sí mismas, y podían ser perfectas madres de familia. Así fue como la industria reconvirtió a las dos mujeres que venían enfrentándose desde el siglo anterior. La mujer fatal decimonónica, tan deshonesta como sexy, se solapó con la perfecta y decente esposa y madre abnegada y obediente, dama caritativa y entregada a hacer el bien. ¿Apasionante, no les parece? Sobre todo, porque lo hicieron delante de nuestras narices sin que ninguna nos diéramos cuenta. Luego vendrían las enfermedades mentales generalizadas, tales como ansiedad, depresión, desequilibrios alimenticios, las epidemias de fracasos matrimoniales, etc. ¡Es que casar a esas dos mujeres requiere un proceso muy largo! Ser eternamente atractiva, deseable, disfrutar del galanteo, jugar con tus encantos y a la vez estar inmersa en un matrimonio estable y feliz, con niños ideales por medio, que no dan la lata porque están educadísimos…; y, además, tener un trabajo de éxito, bien remunerado, hablar por teléfono con una amiga sobre la fiesta de la noche anterior, mientras sacas la tarta de manzana del horno, mientras piensas que tienes que comprarte un nuevo pintalabios, porque los que tienes no pegan con el vestido que vas a llevar esa noche para acompañar a tu marido a esa cena, mientras… ¿Es esto posible? Nos lo vendieron como posible, pero, claramente, no lo es.

La lógica de la seducción de ciertos tabúes, de terminar con algunas prohibiciones generalizadas, sí tuvo aquí una importancia radical. Las sociedades occidentales más conservadoras abrieron bastante su horizonte. La progresiva aceptación de la sensualidad como realidad social debe mucho a estas mujeres, en beneficio nuestro. Ellas vincularon el erotismo al glamur, que es la palabra maldita y anhelada a la vez. Volviendo al anuncio de Pepsi de 1992, ¿era glamurosa una «tiarrona» en *shorts* vaqueros bebiendo una lata de refresco en una gasolinera de mala muerte? Pues sí que lo era, y mucho. Esta era la nueva norma estética: un cuerpo joven, delgado y sexy que caminaba seguro hacia el placer, para saciar su deseo, y, cuando abría la lata y daba ese sorbo, todos los espectadores sentían milagrosamente las sensaciones de satisfacción y de deseo mezcladas. Queríamos ser como ella, que esas prendas –que ya he dicho que aparentemente eran lo de menos, como si fueran la gasolina del éxito– nos llevaran al nirvana que ella estaba consiguiendo. Unos niños la miran embobados, la inocencia como juego sibilino, ¿el despertar del deseo sexual? Claramente.

La tramoya de nuestras nuevas necesidades estaba marcada, y nosotros caíamos en ella desesperadamente, sin comprender apenas nada. Había que ganar el pulso a la seducción y ellas eran el referente, las que nos ayudaban, nos marcaban el camino para lograr la gloria. ¿Sacerdotisas? No, porque las venerábamos, así que, rotundamente, eran las diosas de esa nueva fe colectiva. Eran la respuesta a la angustia y a la inquietud por ser aceptados, daban sentido a todo lo estético y marcaban las pautas de ordenación emocional y sensorial que vinculaba nuestro bienestar con el consumo. Con más cremas, tendré una piel más tersa y radiante, y así pareceré más buena y disciplinada, me querrán más. Ideas asociadas gracias a miles de *spots,* maravillosas fotografías, atractivas consignas, la euforia, el placer inmediato y saciante. Esas bellezas de los anuncios nunca están tristes, no conocen la angustia, ni la necesidad, fluyen porque cumplen con sus obligaciones para estar en «paz con dios»: vida sana, cuerpo sano, mucha ropa, muchas colonias, muchos cosméticos, fotografías, fotografías, fotografías… imágenes por todas partes.

Las supermodelos supusieron un elogio de la belleza triunfante, sumado a la consagración de la libertad femenina. No obstante, toda esta realidad conlleva muchas paradojas. Si se ponía en valor a la mujer y se pretendía consagrar su libertad personal y profesional, ¿por qué se valoraban por su aspecto físico? Con ellas la belleza se mercantilizó por completo, en un proceso ascendente que ya llevaba muchas décadas establecido, haciendo que, en el imaginario colectivo, la mujer ideal que ellas representaban se convirtiera en la imagen ritual de la liturgia consumista. Eran la punta del iceberg del nuevo culto a la novedad, bajo el disfraz del entretenimiento más noble e inocente. Pero nada de eso, fueron mecanismos de manipulación colectiva para movilizar a generaciones enteras al consumismo feroz y despiadado. Eran las diosas que adiestraban a los sumisos súbditos en los principios de estilo de vida y necesidades para ser un alma virtuosa y limpia de culpa, en esa equiparación platónica entre belleza y bondad. Si no se cumplía con lo solicitado por esa nueva religión, corrías el riesgo de ser excomulgado, y lidiar con la soledad del marginado sin posible indulgencia.

En esta liturgia, todo el que aspirara a la divinidad –y escribo en pasado, porque, afortunadamente, ya hay cosas que están cambiando– debía adecuarse a los cánones de belleza; por encima de todo, ser joven y delgado. Hay connotaciones sadistas subliminales, que, al igual que la sensibilidad erótica, se vienen arrastrando históricamente desde finales del XVIII. La nueva fe exigía valentía y algunas renuncias y, por supuesto, plantearse pocos cuestionamientos. La sensualidad no casa bien con el raciocinio, creo que esto explica bien las intenciones. Actuar continuamente, búsqueda incesante del placer, ansia por gustar, estas son las premisas, que se pueden resumir en una sola palabra: consumir. De todas maneras, afortunadamente para mí que ya estoy cansada de estas cuestiones que tengo bastante superadas, y espero que para usted también, porque eso significará que le pasa lo mismo, estas nuevas diosas, a las que admiré y admiro ardientemente, sin que ello vaya en detrimento de la otra fe verdadera, no son el centro de este ensayo. Digamos que son parte, y no solo por esa distancia sobrehumana que establecían de las cosas terrenales (no olvidemos que este es un ensayo sobre cuestiones artísticas), sino porque con ellas se invirtió la balanza de poder. Ya no eran meras perchas para que el diseñador mostrara sus prendas a las clientas potenciales, sino que pasaron a ser el reclamo para que el público quisiera ir a los desfiles de esos mismos diseñadores. Pasaron de ser una parte estática y secundaria a ser las estrellas indiscutibles de los desfiles de moda.

El mito de la belleza finisecular pasa por estas supermodelos, famosas doncellas que han simbolizado un ideal colectivo y abstracto, que no solo es estético. Estas divinas deseables supusieron el cénit de un proceso ascendente que venía al galope y que coincidió con la eclosión de todo un siglo dedicado a desenmascarar el poder femenino, ese que tan claramente representaban. Con ellas se inauguraba la época de verdadera orgía apasionada por el consumo, con la moda rápida al alcance de todos, atenuada por sus imágenes cargadas de virtuosismo artístico, a través de los mejores estilistas y fotógrafos, con esa clásica asociación de belleza artística con perfección natural, convirtiéndose así en los contenedores simbólicos de valores de toda una década. Este es el sentido y el papel que les doy en mi ensayo, puesto que, gracias a todo lo aquí expuesto, al atraer con su aura divina a la mayoría del colectivo consumista hacia las marcas comerciales, pudo tener lugar la escisión entre moda popular y alta moda que justifica plenamente la categoría artística que aquí pretendo defender.

Las supermodelos participaron en los grandes desfiles históricos de fin de siglo; pero su verdadero papel fue el de encauzar a todo el globo terráqueo hacia un mismo orden emocional y sensorial compartido, adhiriendo sus deseos y necesidades comunes hacia unas mismas normas sociales, regidas por la nueva fe de marcada sensibilidad erotizante y frívola.

Capítulo V

EL RITUAL SAGRADO
DE LAS PRESENTACIONES DE COLECCIÓN

LA NUEVA FE tuvo una rápida expansión gracias al ensanchamiento decisivo del horizonte y la sensibilidad del hombre contemporáneo. Las diosas eran conocidas en todo el planeta y veneradas sin interrupción, haciendo de ellas verdaderos arquetipos para la sociedad. La política económica cada vez interesaba a más gente, en detrimento de otras cuestiones como el modelo de Estado o la lucha de clases. Y ellas, las supermodelos, formaban parte de esa estratosfera de poder económico a la que era lícito aspirar. No solo se admiraba su belleza deslumbrante, también su estilo de vida. Eran profesionales de éxito, aunque su existencia estaba anclada en un despreocupado y jovial desenfado: la utopía de una vida como placer, sin más.

En este triunfo de lo superfluo y lo ocasional, de lo intenso y efímero, con la conducta social guiada por impulsos inconscientes manipulados por la publicidad subliminal, con una diversidad de propuestas artísticas e ideológicas a la carta, los tipos de ocio seguían sirviendo para establecer la sagrada distinción social. En lo que a este ensayo concierne, y una vez escindida la necesidad de crear ropa para las masas de la alta costura, esta tenía alas para convertirse en el verdadero espejismo de la perfección, para embriagar y hacer volar por un rato a la élite mundial privilegiada que estuviera en posesión de las virtudes necesarias para acceder a este lugar sagrado.

Los desfiles de moda, en los que se presentaban las colecciones, se convirtieron, desde finales de los años setenta, en el gran espectáculo de las élites que, a pesar de conocer que su verdadera función era promover la imagen de las marcas, se sabían elegidas para disfrutar de una función única. Allí solo eran invitados los semidioses, como ellos, y el ritual era clarísimo. Si eras uno de los seleccionados para acudir, debías vestir adecuadamente y actuar de una manera determinada, como en todos los espectáculos elitistas de todas las épocas. Dentro del lugar en el que se iba a llevar a cabo el ritual, también había clases. La primera fila era el lugar más distinguido, solo destinado para los verdaderamente importantes, ya fuera por su posición dentro del universo de la moda, por su situación social (heredada o adquirida) o por el número de ceros de su cuenta corriente (o de la de su marido). Estas tres categorías se han ido mezclando a lo largo de las décadas, sin robarse protagonismo unas a otras.

Este tipo de *shows,* cuyo verdadero apogeo duró apenas unas décadas, eran un sueño convertido en entretenimiento, un espectáculo heredado de la ópera. Aglutinaba todos los ingredientes: música, escenografía, interpretación, vestuario, maquillaje, peluquería y cualquier otra disciplina creativa. Un acto social de enorme raigambre y, por lo tanto, de dificilísimo acceso. Aquí me refiero a los desfiles de finales del siglo xx. Con el cambio de siglo y el transcurso de los acontecimientos sociales y económicos, estos fueron cambiando su idiosincrasia y, por lo tanto, el sentido que aquí estoy plasmando, hasta llegar a la actualidad en la que cualquier niña bien es diseñadora y muestra en una especie de fiesta privada su esmerada y cuidada colección de ropa. Este sería el devenir de lo que comenzó como un *show* revolucionario, nacido con una feroz explosión de creatividad, y que aspiraba a rozar lo sublime, con las nuevas diosas, jóvenes, saludables, danzando por los altares para hacer soñar a los más afortunados del planeta Tierra.

El primer hito importante para que esto sucediera, y volviendo a aclarar que no trato aquí de hacer una historia rigurosa de los acontecimientos, fue el hecho de salir de los salones de las casas de moda para mostrar las colecciones. Seleccionar otro espacio implicaba unas nuevas intenciones. El 28 de julio de 1976, en la sala de baile del Hotel Intercontinental de París, Ives Saint Laurent, con un coste aproximado de millón y medio de euros (escojo la moneda actual, pues siempre es más cómodo para el lector), hizo alarde de un lujo fabuloso presentando la que fue una de sus mejores colecciones. El desfile *Opéra-Ballets russes* sentó un precedente que marcaría el devenir de estos grandes espectáculos a lo largo de las dos siguientes décadas. Cada vez más caros, cada vez más ingeniosos, cada vez con más altas expectativas, fomentaban el éxito de las diosas que desfilaban, de los diseñadores que las vestían y, sobre todo, aumentaban ostensiblemente el beneficio económico de las marcas.

Se trataba de un nuevo tipo de ocio en el que se mezclaban los códigos y las formas heredados de la ópera, su versatilidad y creatividad, mezclados con los intereses del feroz capitalismo, que utilizaba estos espectáculos como sofisticadas plataformas de promoción, a sabiendas de que lo que allí se iba a enseñar no iba a ser comercializado. Sin embargo, la magia, el mensaje de lujo inalcanzable y deseable, el ritual de lo sagrado, disfrazado por el fortunio de lo simbólico, el gozo al más alto nivel, todo inmerso en la más banal teatralidad de la riqueza, con el estremecimiento que provoca la verdadera belleza, constituía una carta de presentación demasiado tentadora como para no comprender que todo lo que estaba vinculado a esas firmas estaría embriagado de ese mismo poder sobrenatural, tan honorífico como prestigioso. Suponían el gancho perfecto para el posterior consumo de masas de otras prendas u objetos, ya fuese un bolso, un perfume o una barra de labios. La idea estaba suficientemente arraigada en la mentalidad colectiva como para entender la asociación y que el mensaje fuera efectivo.

La frivolidad debía ser parte integral. Sin embargo, lo que sucedía en un desfile cuando se apagan las luces y empezaba la música era un *show* impregnado de sacralidad. Un acto encaminado hacia la esfera de lo sagrado a través de un tratamiento ritual de todos los elementos que lo componían. Allí se volvían a consagrar, bajo la mirada de sus principales sacerdotisas, todo lo que podía hacer sanar, conjurar, motivos para ejercitar nuevos y eficaces sacrificios en esa esfera extrahumana. Los desfiles de moda de finales de los años ochenta y toda la década de los noventa fueron auténticos rituales de la nueva religión velada. Sus manifestaciones llegaban a su cénit en estos espectáculos dedicados a específicas divinidades, que terminarían en los conocidos depósitos votivos de los fieles. Tenían que ser divertidos, la nueva religión pasaba siempre por la vía *funny*, como requisito imprescindible. Los ingredientes para que el rito tuviera lugar requerían de una sofisticación que no reparara en los rancios criterios de la moda juiciosa burguesa, así como por una actitud generalizada de ser un digno semidiós preparado para la ofrenda ritual, con estudiada y teatralizada frivolidad. Todo el que iba al ritual asumía ese privilegio con la *dignitas* adecuada, debía conocer el poder de los otros elegidos, así como tener unos conocimientos imprescindibles sobre moda para emitir comentarios adecuados, así como la conciencia de ser igualmente símbolo de una tendencia específica, la de la nueva sensibilidad.

Cada desfile invitaba a que el siguiente fuera aún más espectacular, más vibrante, más costoso. Se estableció una carrera ascendente para que, en la escena de la moda internacional, dioses, sacerdotes y sus acólitos se fueran encontrando aquí y allí, sacudiendo la industria y haciendo estallar un mundo de fascinación, en torno al que giraría la economía, la sensibilidad y el gusto de varias generaciones. Si ya he destacado un primer *show* como referente en 1976, podría marcar otro eslabón en marzo de 1994. Se trata del desfile que supuso el apogeo de John Galliano. Tuvo lugar en la mansión vacía de la *socialité* portuguesa São Schlumberger. Construida en el siglo XVIII, casaba a la perfección con la esencia de este diseñador, cuya genialidad recayó, precisamente, en su capacidad para desarrollar ideas en bruto a partir de la Francia de ese siglo. En aquella ocasión, realizó una romántica interpretación europea de la ropa japonesa. Las divinidades lo encumbraron, lo ascendieron al limbo, desfilando para él sin cobrar nada. Candelabros por los suelos, cartas de amor en las mesillas, todo rociado de un polvo medidísimo para que el efecto teatral del tiempo inundara todas las sensaciones, neblina, ensoñación. Un escenario esmeradamente preparado para vivir un sueño, un rito sagrado, bendecido y aplaudido.

Desfiles como este marcaron la industria. Se mostraban creaciones hechas a medida, elaboradas con tejidos de primerísima calidad, adornados con los bordados y detalles más exclusivos, recreando pasados gloriosos en una mirada hacia el futuro. Creaciones que eran llevadas por mujeres que estaban aceptadas como las más bellas del planeta, que iban maquilladas, peinadas, tocadas y calzadas por los artistas de cada ámbito más codiciados y valorados. Las imágenes de estos desfiles daban la vuelta al mundo. Los iconos se hacían así definitivamente inmortales, mientras su religión se expandía sin piedad. Si durante siglos los palcos de las óperas eran el lugar más privilegiado para el ocio internacional, las primeras filas de los desfiles de moda le tomaron el relevo. El *front row* aparecía en todas las crónicas de sociedad los días posteriores a los desfiles. Estar ahí era un claro signo de poder y prestigio al que muy pocos afortunados en el mundo podían acceder. Esta realidad continúa haciéndose; sin embargo, la rotundidad y lo concluyente de esta época se ha evaporado. La revolución tecnológica, las redes sociales y las cámaras en los móviles desdibujaron los contornos de estos rituales, que, con el devenir del nuevo siglo, fueron perdiendo su idiosincrasia sagrada y definida.

Dos veces al año tenían lugar los grandes desfiles internaciones. Se mostraban las colecciones primavera/verano y otoño/invierno. La selección de los diseñadores, de las modelos, de los invitados era milimétrica. Las cifras que se manejaban eran cada vez más estratosféricas y todo tenía que estar bien analizado. Centrándonos ahora en lo que aquí nos interesa, se podrían descartar los mecanismos habituales en torno a los que giran estos *shows,* pues eran similares a todos los diseñadores; es decir, se contrataba un escenógrafo que ambientase el lugar de acuerdo al hilo conductor de la colección, alguien que escogiese la música, y un largo etcétera de ayudantes de cámara. Sin embargo, la pauta que, bajo mi prisma, marcaría la distinción sería el contenido intelectual, el discurso ideológico de todo el proceso: desde la concepción de las prendas hasta la música, pasando por la actitud de las modelos, que también estaba marcada por el diseñador. Puesto que aquí defiendo que algunos de estos maestros de la imaginación y de la costura eran auténticos artistas, frente a otros que, aunque pudieran tener un papel destacado en el mundo de la moda, su legado no deja de ser irrelevante al carecer por completo de artisticidad, quedando en prendas mejor o peor confeccionados con un diseño acorde a sus gustos o a las necesidades de la época, este punto es fundamental y debo detenerme con rigurosidad. Y así lo haré en el siguiente capítulo.

De manera general, aunque hubo excepciones, la nueva feminidad que se ritualizaba era alegre, vital, de sonrisa franca, movimientos rítmicos y seguros, giros sensuales y graciosos, libertad y belleza, preocupaciones trascendentales. Poco a poco, la manera de desfilar se fue estandarizando, cada vez más delgadas, menos libertad de movimientos, más rigidez en el rostro, dando menos importancia a la bella joven que portaba la prenda, que pasaba poco a poco a ser de nuevo un número, como en sus orígenes. Pero, aunque fue progresivo, sucedió pasado el arco del siglo xx, con lo que aquí no nos afecta. Las supermodelos de finales de siglo eran las diosas de la alegría y de la vida saludable. Y sus rituales eran espectáculos para hacer soñar, que constaban de todos los ingredientes que la nueva mentalidad colectiva anhelaba. Desfilaban sobre tarimas elevadas, avanzaban deslumbrantes, osadas y poderosas, representando el apogeo de la feminidad más clara y sensual. Todo en ellas era perfecto. Embellecidas hasta la extenuación, en esos desfiles se consagraban a fuego rápido las llamas de una nueva forma de vida, la frivolidad como hija de una época de pujanza y bienestar, el grito de una sociedad que había olvidado las guerras, las muertes y el hambre. El canto de cisne de un nuevo despertar de Occidente, lo que no se sabía es que se anunciaba también el progresivo final de su hegemonía.

Capítulo VI

REIVINDICACIÓN DEL CONTENIDO
LAS NARRATIVAS DE LOS DESFILES DE MODA

No descubro nada nuevo si afirmo que el viejo sistema del arte se basaba en la idea de mímesis de la naturaleza, en la búsqueda de una belleza armónica, solicitada y subvencionada por las élites sociales. Con los cambios que la industrialización permitió, esta búsqueda de belleza basada en la objetividad, que tantos siglos tuvo de permanencia, fue sustituyéndose por la creciente supremacía de la subjetividad del artista. La anhelada libertad, en cuestiones artísticas, también tuvo una desbordante repercusión. Al ser ahora el propio artista el que decidía lo que era «arte», el desbarajuste que rodeó al término fue monumental, accediendo a ese privilegio que conllevaba la condición de artista una cantidad ingente de farsantes y personajillos faranduleros, sedientos de fama como vía rápida para conseguir una vida fácil.

Esto sucedió fundamentalmente en la pintura, que era el soporte que más interés despertó en los años que aquí nos interesan. Si cualquiera que se atreviera a manchar un lienzo y tuviera la capacidad de hacer creer que eso que hacía era arte ascendía a la esfera celestial de los artistas, no pasaba menos con otras disciplinas creativas. Escultura, *performance,* ¿y por qué no también la moda? Ya he escrito con anterioridad que el hombre ha empleado diferentes soportes y técnicas a lo largo de la historia para expresarse, pero eran meros medios de expresión, sin tener que ser en sí expresión artística. En otras palabras, cualquier persona puede pintar un cuadro y denominarse pintor, pero eso no significa que lo que haga sea arte, ni que sea un artista; exactamente igual podría aplicarse al diseñador de moda. Cortar y coser una tela no está al alcance de cualquiera, yo misma veo que es una actividad difícil, que se escapa de mis habilidades; sin embargo, hay muchas personas que pueden idear diseños y luego realizarlos, de manera que podrían denominarse diseñadores, pero en ningún caso se puede entender que eso sea arte, ni siquiera artesanía.

En el caso de la pintura contemporánea abstracta, que es quizás la más difícil de juzgar, las piezas y, por lo tanto, su creador deben estar imbuidos de pretensiones espirituales, resonancias interiores, vibraciones interiores o exteriores, que pueden estar en parte sujetas al azar o a la subversión, pero debe subyacer siempre una pulsión transgresora, una intención que esté desprovista de lo meramente decorativo. Valga este análisis igualmente para el discurso de la moda. Bajo mi criterio, y es el que defiendo en este ensayo, no es suficiente tratar de embellecer a la mujer, eso es mera superficie, que además puede ser hasta subjetiva. Debe haber un discurso coherente, una trayectoria que demuestra una ideología sólida, aunque sea tormentosa, que esté pegada íntimamente a la esencia del diseñador y que se vaya desarrollando a lo largo de su trayectoria. Lo ideal es que esa trayectoria sea ascendente, y que cada vez perfeccione más tanto el contenido de su discurso como la forma física que utilice para proyectarlo. Con esta premisa como censura, la inmensa mayoría de los diseñadores de moda quedarían desterrados del mundo de la artisticidad.

En otras palabras, más sintéticas: un agradable y bien manchado cuadro decorativo es análogo a una confección que siente bien y embellezca a un ser humano. ¿Es arte? No.

Aclarada esta premisa fundamental con la que creo que es difícil estar en desacuerdo, he de dar un pasito más hacia adelante, exponiendo cuestiones más específicas. Durante muchos siglos, los recursos conceptuales utilizados por los artistas, bien fuera en pintura, en escultura, en música, en literatura, en poesía o en teatro, estuvieron relacionados con unos temas muy concretos: el amor, la religión, la mitología (que también son historias de religión, al ser historias de los dioses de la Antigüedad), las escenas históricas de victorias memorables y los retratos de personajes de interés social, político o religioso. No es hasta el siglo XIX que se tienen referencias de obras con explícitos contenidos personales, extraídos de las propias vivencias sin disfraces. Claro que, con anterioridad, los poemas de amor saldrían de algún sitio, pero era impensable evidenciar que era una historia en primera persona. El arte era una cuestión impersonal, el artista siempre estaba en segundo plano, aunque después el tiempo les diera un rotundo reconocimiento. La desbordada subjetividad del artista aparece en la segunda mitad del XIX, haciéndose cada vez más imperiosa, hasta dominarlo todo. Hoy en día, hasta una canción de éxito mundial cuenta en persona y con detalle la batalla campal entre su intérprete, la cantante Shakira, y su infiel expareja, en una reciente sintonía que todos hemos cantado alguna vez; ¿conciben algo más íntimo y personal?

Este nuevo ascenso de lo particular a la esfera artística requiere de otro tipo de conexión entre artista y espectadores. Por ejemplo, una pintura abstracta, de intensos colores, pintada por un alma visceral e intensa puede ser rechazada por una persona templada y sensible por parecerle incómoda. No ocurría lo mismo con el arte de otras épocas, lo que estaba bien pintado, que seguía fielmente la realidad y la plasmaba con agudeza gustaba a todo el mundo, sin distinción. Ahora, al ser todo mucho más personal y subjetivo requiere también de una conexión recíproca, es decir, tiene que haber unos requisitos comunes entre el creador y el receptor que antes se daban por sentado. Esta realidad hace que el criterio que aquí voy a volcar sobre los que considero que son diseñadores dignos de entenderse como artistas pueda ser puesto en entredicho. Alguien podría decir que los discursos que ellos defendieron no les llegan, o no les interesan, o son muy desagradables, o no son estéticamente de su agrado. Sin embargo, lo importante y lo que me hace dejar mi sentencia por escrito de manera tajante son dos cuestiones. En primer lugar, que sí hubo discurso, cuestión que no está al alcance de casi ningún artista de la segunda mitad del siglo xx (el tiempo lo dirá); y segundo, que el discurso es rico y coherente, y tiene raíces hacia atrás y hacia adelante.

Cumplidas esas premisas, no importa cuál sea el soporte que el artista escoja: la cámara de fotos, una aguja, una máquina de escribir, una batuta o una guitarra. De un alma de artista no se pude renegar. Si se nace con ella, las cosas que se tienen en contra son muchas, pero el dejar rastro es casi obligado, por no decir inevitable. Volviendo al tema que aquí nos ocupa, la moda de lujo, para su representación a finales del siglo pasado se necesitaron a varios tipos de artistas. En primer lugar, estaban las nuevas diosas que no siendo artistas debían fingir que también dominaban esas esferas con sus actitudes, su desenvoltura y sus formas de vida. Ellas eran estrellas del celuloide y musas y todo lo que hiciera falta, porque lo valían y, sobre todo, porque nos debían convencer a todos de ello. El fotógrafo fue un factor crucial en todo este ascenso. Ya he nombrado a uno de los cabezas pensantes que, a través de su objetivo, endiosó a esas chicas e inmortalizó el nuevo altar y los nuevos códigos que comenzaban a hacer furor. Pero, además de Peter Lindbergh, también estuvieron a su altura Helmut Newton y Steven Meisel, entre otros fotógrafos de moda. No solo se trataba de dominar la técnica, ellos creaban mensajes, decidían actitudes, dirigían el consumo de alguna manera. Son figuras muy relevantes para comprender toda la estrategia que intento aquí desarrollar.

Los escenógrafos también jugaron un papel fundamental. La mayoría de las veces el trabajo era en equipo, pero lo habitual es que el diseñador le contara de qué iba la colección que iba a mostrar y que este diseñara el espacio para el desfile, luces, efectos y objetos sobre el escenario. Si uno habla con cualquier diseñador, evidentemente todos tienen un discursito detrás de cada colección y el pase de modelos lo ha intentado reflejar, pero es como si hablas con un pintor decorativo y te dice que se ha inspirado en los atardeceres de Doñana, ¡pues vale, estupendo! Quiero dejar claro, por si aún no lo he hecho, que este tipo de intenciones tan superficiales no son las que aquí voy a recoger, ni a defender. Mucha gente tiene buen gusto, poca gente tiene un gusto exquisito. Mucha gente sabe buscar recursos para imaginar, poca gente tiene una imaginación prodigiosa. Mucha gente sabe escribir, poca gente tiene los recursos para expresar ideas con solemnidad y gracia. Mucha gente sabe coser, poca gente ha conseguido ascender a la categoría profesional de diseñador de moda. Aun así: ha habido muchísimos diseñadores de moda en la segunda mitad del siglo XX (no tantos como ahora, que silbas y te vienen quince antes de que acabes), pero que se puedan considerar artistas, bajo el criterio que este ensayo defiende, solo tres. Y ni siquiera esos tres están al mismo nivel.

Evidentemente, mis elucubraciones pueden tener detractores. ¡Y eso espero! Puesto que eso significará que este ensayo se ha leído con interés y espíritu crítico, y mis años de estudio y reflexión no habrán sido inútiles. El verdadero artista tiene mucho de provocación, busca incomodar al espectador, cuestiona la belleza convencional, rebusca en el pasado para pasarlo por el inevitable filtro personal y «vomitarlo» diferente, con una nueva magia, extrayendo lo mejor de antes y de ahora, de los demás y de uno mismo. El artista que escoja la moda como vía de expresión utilizará textiles para exponer un discurso, que rozará otra esfera inalcanzable para la mayoría. Las telas, los tocados, los zapatos, la tarima y los brillos estarán al servicio de una idea, y no al revés. Este artista podría crear esa indumentaria que ha escogido para expresarse con los materiales más pobres que encontrara. La literatura me va a servir aquí para explicarme mejor. Un buen escritor no necesita la edición más costosa para volcar sus dotes. Escribirá con lo que pueda o con lo que cada época haya permitido técnicamente, será la calidad de sus escritos la que el tiempo mande a «dormir» en los mejores «estuches».

Esto también es aplicable a la moda. De nada sirven las telas más ricas, los bordados más lujosos y los zapatos más sofisticados si detrás no hay un argumento que sustente el conjunto. Sería fácil caer en el disfraz, y ese ha sido el riesgo de uno de los diseñadores a los que aludiré en los siguientes capítulos. La moda sin una narrativa que la sustente detrás queda en mera artesanía. Es una cuestión conceptual, tan afín a la literatura o al cine como cualquier otra disciplina que requiera de un respaldo científico y unos supuestos metodológicos. El grado de evolución y destreza del diseñador es igual de importante que la riqueza y solidez cultural sobre la que se arma cada colección. La experiencia de cualquier obra de arte tiene dos partes indisolubles, como fabulosa fuente de conocimiento y como placer estético. Su apreciación se convierte así en una operación intelectual. Desde mi punto de vista, si una de estas dos cuestiones no se da, es imposible que se hable de pieza artística. En este sentido, es labor de los historiadores del arte separar lo valioso de lo que no lo es, aunque en su momento haya tenido mucho éxito. La popularidad no puede cegar la carencia de valor auténtico y perdurable en el tiempo. En moda se podría complicar esta sencilla visión, que hemos apoyado en dos simples pilares, por estar tan inmersa en la industria capitalista, pero los inmensos focos de esa realidad no nos pueden cegar. Sin una sólida narrativa, sin una base cultural amplia y coherente, la fantasía divaga a ciegas. Es necesario que estas dos armas se den la mano y vuelen juntas para poder empezar a hablar del legado de un artista.

Capítulo VII

NOBLEZA DE NERVIOS
ARISTOCRACIA INSTINTIVA
SAINT LAURENT, GALLIANO Y MCQUEEN

LLEGAMOS AHORA A mi parte favorita de este trabajo. Aquí el dolor se va a confundir con la voluptuosidad. Sueños, alucinaciones y éxtasis seguidos del más puro abatimiento, ingenio fascinador, un talento orquestado sobre la propia originalidad, nacido de infiernos tanto personales como colectivos, con aversión hacia los espíritus diurnos y equilibrados, indiferentes a la atracción de los misterios del averno. Maestros con reino propio, diseñados para autodestruirse, que establecieron luchas feroces con la idea. Caracteres infantiles, descarados e insistentes, con nervios que se excitan, cerebros que se enervan para exacerbar las sensibilidades. Caprichos, fobias y agotamientos. Búsqueda de fastuosidad y esplendores, en unos egos de alto voltaje, que se van aniquilando en la búsqueda de la belleza impresionante, casi fantasmal, de esas que pisan corazones, belleza sublime y divina, creaciones perfectas que aspiraban hacia lo absoluto inmortal.

Aunque centre este capítulo en el diseñador que considero que fue uno de los artistas más geniales de todo el final del siglo pasado, es justo nombrar otras dos figuras que, igualmente, son merecedoras de estar vinculadas al contenido de este ensayo. Es importante recalcar que estas tres figuras que aquí trato de realzar fueron hombres con facultades creadoras de mentalidad europea, que alcanzaron por mérito propio la categoría de autor de alta moda. Este dato es muy significativo a nivel histórico. Ya he mencionado previamente la importancia que fue cobrando paulatinamente la moda norteamericana desde mediados de siglo, con sus livianos protocolos y su estilo contradictorio con la clásica elegancia europea. No es una casualidad que un ensayo que trata de poner en valor la artisticidad de algunos –pocos– diseñadores de moda, determine tres nombres y los tres sean personajes europeos de pies a cabeza. Podría parecer que no hay resto de América en el nacimiento del concepto de moda como arte, pero esto no es así. Es precisamente ella la que, al establecer la moda democrática lista para llevar, al facilitar y homogeneizar la forma de vestirse de las distintas clases sociales, sin pasar por la alta costura, permitió que esta despertara hacia esa artisticidad desprendida de las necesidades básicas y ordinarias de cualquier prenda de vestir.

Los Estados Unidos eran un enorme mercado unitario basado en una permanente innovación tecnológica y un desaforado consumo de masas. El tópico de la jovial y desenfadada América exaltó la retórica cotidiana del lenguaje comercial para dicho consumo, dando vía libre a la auténtica creatividad en el seno de la alta costura. Esta, tal como la concebimos aquí, no se puede disociar de la lógica de la fantasía pura. Si su objetivo no se hubiera desprendido de las necesidades elementales que tiene la indumentaria habitual, no habría sido posible ese gradual distanciamiento entre la moda de la calle y la moda que se disfrutaba en las pasarelas internacionales. También es importante resaltar a los personajes que rodearon a estos grandes talentos creativos, pues supieron captar al momento la magia del proceso creativo de la costura más refinada. A continuación, haré un repaso por estos tres europeos que he seleccionado entre tantos otros para darle sentido a mi tesis, deteniéndome sobre todo en uno de ellos, por ser, a mi juicio, el artista más sólido conceptualmente, con una trayectoria coherente, ascendente y completamente fiel a su esencia desde el principio hasta el final, sin fisuras en este sentido.

Los nombres que he seleccionado son el francés Ives Saint Laurent, el inglés Alexander McQueen y el gibraltareño John Galliano, al que cito el último, a pesar de haber nacido antes que el anterior, por estar aún con vida mientras escribo este ensayo. Habrá a quien le sorprenda que no haga ni mención a otros personajes contemporáneos, como Dior y Chanel. No es un descuido, por favor, ni hay nada oscuro detrás. Simplemente, su función fue otra en la historia de la moda, no era aún momento para relajarse en la fantasía pura. Ambos crearon siluetas y modificaron la estética de su época, estos son valores incuestionables, pero no considero que esto sean asuntos meramente artísticos. Su mérito fue más bien haber sabido acertar en el momento del necesario cambio y haber sabido gestionar esa sabiduría, con tesón e intuición. Tienen ambos sus respectivos sillones preferentes al mérito y al agudo instinto, pero no aprecio en su obra ningún fondo de profundidad intelectual, ni ninguna intencionalidad artística más allá de acertar en cubrir las necesidades de esa nueva mujer que floreció tras la Segunda Guerra Mundial; es por eso que, a pesar de perdurar sus firmas entre las más prestigiosas del planeta, sus figuras no me interesan tanto para el desarrollo del contenido de este ensayo.

Continuando con mi exposición, me viene de pronto a la mente una imagen significativa. La modelo alemana Claudia

Schiffer con un esmoquin negro, firmado por Yves Saint Laurent, desfilando en París en 1996. Melena rubia leonina sobre los hombros, labios rojos, mirada felina, nada de joyas, nada de ropa interior, la chaqueta y el pantalón de corte masculino como único adorno, con su escote casi hasta la cintura. Belleza inquietante de una de las diosas de la contemporaneidad, que aspira al poder convertida en una simbiosis que aúna las diferentes supremacías. La venerada nueva fe colectiva dentro de la versión que Saint Laurent inventó del uniforme de los que tradicionalmente venían ostentando la autoridad económica y social. Europea la modelo, europeo el diseñador, europeo el desfile, europea la idea que subyace; sin embargo, es una imagen inconcebible si no hubieran arrasado en el mundo la nueva ideología y la nueva estética norteamericana. Hay desenfado, una actitud y una sexualidad diferentes, que poco tiene que ver con el viejo clasicismo europeo, una rubia (alemana) evanescente y algo ingenua, a pesar de que la imagen juega a ser escandalosamente sexual. Sin embargo, es la imagen del poder, mejor dicho, de la nueva mujer poderosa, que, sin darse mucha cuenta, parece que aún tiene que vestirse de hombre para creérselo.

Con Ives Saint Laurent tomó forma el ya legendario personaje que representa al diseñador angustiado y abrumado, una figura que ya existía en otras disciplinas artísticas desde hacía siglos, pero que no reconocía aún ningún caso tan evidente en el diseño de moda. Quizás, y aquí cobra sentido mi elección, porque es el primer artista que escogió el diseño de ropa como medio de expresión. Su biografía establece todos los siguientes estándares comunes a estos tres diseñadores de moda que trato de alzar como artistas de la segunda mitad del siglo xx: infancia marcada por el acoso escolar y otros tipos de abusos, relación especial con la madre frente a una distante (o incluso tormentosa) con el padre, la fantasía como huida de la realidad, una necesidad visceral de rodearse de belleza, sentimiento de estar continuamente sobreviviendo, enorme energía creativa escondida bajo un alma extremadamente delicada, vida sentimental agitada, atracción fascinante por las damas aristocráticas, torpeza o desinterés por los negocios, soberbia, ambición, astucia, dificultad en las relaciones sociales, angustia a veces inmanejable, adicción a las drogas, carácter reservado, solitario e introvertido hasta convertirles en seres inaccesibles.

En 1961, con veinticinco años, Saint Laurent creó su casa de alta costura. Alcanzó la fama muy joven, al igual que los otros dos protagonistas de este capítulo. A pesar de que su obra en general es más intuitiva que intelectual, encuentro en ella unos rasgos distintivos con respecto a otros diseñadores de su generación, destacando la intencionalidad. Más allá de esa nostalgia de aristocracia solapada, que se respira en todo creador de moda francés, él supo reconducir el sentimiento obsoleto metamorfoseándolo en una modernidad perfectamente escenografiada, que recoge la esencia del pasado más clásico (inevitablemente clasista), de otro más reciente (el Hollywood de los años cuarenta) y de las tendencias tanto artísticas como filosóficas más vanguardistas. La nueva mujer tuvo su versión más elegante en este creador sensible y angustiado, que, bajo mi criterio, tuvo dos décadas de creatividad pletórica y determinante, y el resto de su vida fue un declinar lento y agonizante, como si él mismo supiera que su aportación ya estaba hecha y solo le quedaba esperar a que el tiempo pasara hasta su final. No en balde, fue el primer diseñador de moda que vio expuesta su obra en un museo, hecho irrefutable de su éxito en vida y del conocimiento de que su obra estaba acabada mucho antes de su muerte.

Bajo mi criterio, su creación más memorable es el traje de chaqueta femenino. Es la imagen que antes escogí para unificar varios de los argumentos que este libro encierra y, aunque la fotografía a la que yo he aludido es de los años noventa, estando vivito y coleando Saint Laurent, su creación original del primer masculino-femenino se remonta a mediados del los setenta, veinte años antes de la imagen citada de Claudia Schiffer desfilando en París con él. Esta indumentaria concebida por el francés fue acompañada de una actitud: mano en el bolsillo, seriedad, altivez, espalda muy recta y caminar decidido. Al recrearlo, uno podría pensar más en los actores del cine clásico que en las actrices; y aquí está la importancia real de la idea, por la que aparece aquí el nombre de su creador. El feminismo estaba aquellos años en un momento apoteósico, se estaba creando un mundo centrado en la mujer, de la conciencia a la acción política. Se reforzaban las ideas de fortaleza y confianza en ellas mismas, con el control de sus cuerpos, de su sexualidad. En 1968, el gobierno francés había legalizado la venta de anticonceptivos y la distribución de propaganda. Comenzaba la reivindicación imparable de los derechos de las mujeres, de su valor y de la creación de un nuevo mundo bajo su perspectiva.

En este contexto, el clásico y neutro traje masculino, símbolo del profesional de éxito, del empresario adinerado, del seductor peligroso del cine negro se despojaba de su género y ascendía a símbolo. La nueva mujer elegante y atrevida podía vestirse con el uniforme del poder cosmopolita. Si, además, se atrevía a cortarse el pelo y a tomar la actitud adecuada –fundamental era la mano en el bolsillo–, si fumaba y mostraba desenfado y despreocupación, pasaba a convertirse en la imagen de la modernidad más absoluta. Digamos que aquella mujer que inventó Saint Laurent fue la Marianne de los setenta europeos. No necesitaba llevar el pecho al descubierto, ni tener fisonomía belicosa, nada de agresividades, ni desencantos. Era aquella una forma elegante y rotunda de utilizar el vestido como protesta, una iconografía salida de la mente de un ser tan débil como la mujer más indefensa y tan fuerte como las pisadas de los tacones de una mujer fatal. Ya solo faltaron la lente y el cerebro del fotógrafo alemán Helmut Newton para crear unas imágenes históricas, que ya forman parte de nuestro imaginario y de nuestra historia emocional. París de fondo, año de 1975, luz eléctrica en una calle estrecha y vacía, la soledad de un icono que se imponía a marchas forzadas. Saint Laurent ideó la conducta y el traje de corte impecable, riguroso, limpio. Una mujer esbelta, de sexualidad ambigua, de fascinante seducción. Los mejores fotógrafos retrataban las creaciones de los modistas más importantes. Y así se va escribiendo solita la historia del arte.

Avanzado el tiempo, y algo calmados los movimientos contraculturales en los países europeos, en esa anhelada ruptura con las tradiciones encorsetadas heredadas de generación en generación durante siglos, y tras el gran desmadre desaforado y efervescente que supusieron los años ochenta a nivel estético, musical sexual y de liberación de otro tipo de pulsiones antes cohibidas, los años noventa se encaminaron hacia una nueva tendencia generalizada: el minimalismo. Esta contraponía el exceso generalizado con la más pulida ausencia de signos, colores y emociones. El gris pasó a convertirse en el color estrella para la moda en general, el blanco más neutro para las casas, incluido mobiliario y accesorios domésticos, ausencia total de joyas, el dorado era una especie de aberración decadente, nada de estampados, incluso las ideas tendían a simplificarse en una búsqueda más hedonista y clara del placer, fuera del bullicio estrepitoso a todos los niveles de los años ochenta y primerísimos noventa. En este tránsito hacia la neutralidad y la más radical ausencia de barroquismo, la alta costura supuso un oasis fabuloso en el sentido contrario, con un despliegue de fantasía y espectáculo desconocido hasta ese momento. Entre la gran cantidad de nombres que luchaban por alzarse con el podio del diseño internacional, solo dos nombres merecerían estar vinculados a la tesis que aquí defiendo, y no por los mismos motivos. Ambos ingleses, aunque uno de ellos nacido en Gibraltar, de madre española, algo que le marcó inevitablemente.

John Galliano, mientras redacto este capítulo, ha vuelto a desfilar en París, como diseñador de la firma Maison Margiela. Con esto quiero decir que tratamos aquí a un personaje vivo, que aún sigue siendo noticia. Como ya he dicho en la introducción a este trabajo, mis reflexiones no cruzan el umbral del siglo XXI, porque la democratización del uso de las nuevas tecnologías y el acceso masificado a internet y, después, a las redes sociales ha supuesto un cambio radical en todos los aspectos de la humanidad, y creo que un cambio de estas dimensiones, casi parecido a la invención de la imprenta, merece un análisis muchísimo más profundo y, desde luego, con una perspectiva temporal que aún no tenemos, por mucho que algunos osados se lancen a divagar. Es por esto que quede en anécdota en este ensayo que esta figura siga con vida y las otras dos a las que aludo hayan finalizado, por razones obvias, su trayectoria artística. En cualquier caso, por lo que he visto de este último desfile, no hay ninguna novedad destacable, quedando todo en una revisión de lo mismo, que es lo que a continuación pretendo exponerles.

Galliano apareció en escena en ese momento álgido ochentero, con un carácter propicio para triunfar y un talento innegable basado en su experiencia como creador de vestuario teatral. Un éxito temprano y ascendente, que supo independizarse de tendencias y exigencias colectivas: su obra nacía de sus deseos de grandeza, de trazo perfecto, composiciones que solo buscaban una belleza voluptuosa, reservada para la gente de buenos modales, de frivolidad heroica y sublime inmoralidad. Una coquetería casi libidinosa de salones libertinos, en la que se perdona todo menos la fealdad. Y esta esencia tan determinada se asocia con un país en un momento concreto: el triunfo francés fue internacional y permanente. Galliano quería seducir con una inmoralidad razonada, su deseo era producir unos efectos de grandeza hinchada, de lujo, todo como escondido detrás de unas cortinas, solo visible para unos pocos privilegiados capaces de apreciarlo y disfrutarlo. Representaba comedias con alma, en la que los excesos estaban permitidos, apoyados en su propia inestabilidad de carácter. Con su moda caricaturizó el teatro social dieciochesco francés, artificial y cortesano. Su fuerza era (veo más adecuado utilizar el pasado, aunque él continúe con vida, pues aquí retratamos una época pasada) la exaltación del carácter fantástico de la apariencia, la comedia de amores y dolores: Francia y su bulliciosa sentimentalidad. Cada máscara tenía su genio, y el protagonista de la compañía era este astuto individuo de pueril zarzuela.

En este sentido, no voy a entrar en los detalles de si creó su obra para una firma o para otra, o si le exigieron en algún momento ser más o menos comercial: su labor histórica ha sido la de crear espectáculos para las élites del final del siglo xx, basados en el lujo más exclusivo, pero haciendo un peregrinaje hacia adentro, hacia sus propios anhelos y sus propias fantasías. Sus desfiles invitaban a perderse en un sueño, que fue aceptado mundialmente como uno de los más deseables de esa época. Participar de sus creaciones tenía un valor social, elitista y honorífico, pero también espiritual, como de una grandeza incuestionable, que no necesitaba del arropo de la perfección técnica, ni de la claridad intelectual. El gemido lacrimoso del gran artista, que iba desfalleciendo en cada una de estas fiestas galantes, inmerso en una constante e irreal atmósfera de ensueño, terminó por devorarle: una demoledora adicción al alcohol y a los medicamentos. Quizás fuese una llamada para abandonar aquella disciplina de maestro decorador y volver a salir al campo a dibujar del natural. Este hombre triunfó sin preocuparse demasiado por las necesidades de su tiempo, supo hacer de sus gustos y necesidades personales representaciones aplaudidas unánimemente como representativas de una época, pero en la que las tendencias generales iban por otros caminos completamente diferentes. Expuesto al sol y con la lejana vista del Mediterráneo, refrescado por la brisa marina, rodeado del abundante colorido del sur de Europa, no se puede desconectar la patria de este «pintor de escenas» de su sensualidad desenfrenada, concebida en los esplendores de épocas pasadas, bañadas de dorado y púrpura.

La tercera figura que voy a abordar es, desde el punto de vista intelectual, la más rica y atractiva, sin ningún género de dudas. En mi opinión, y desnudándome sin tapujos ni miedo a posibles censuras, Alexander McQueen es uno de los artistas más fascinantes del final del siglo XX, muy por encima de la mayoría de pintores, escultores e incluso rodeando por encima a muchísimos escritores. Su obra tiene un contenido cerebral y espiritual riquísimo, coherente y muy conectado con otras sensibilidades europeas de finales del siglo anterior. Su visión desesperada nos adentra en territorios decadentes y alienantes, llenos de éxtasis, deseos de la carne en todas sus vertientes, la muerte como referente ineludible, en una búsqueda desesperada por comprender, por adaptarse, por sobrevivir. La angustia más profunda y silenciosa como herramienta de trabajo, seres desgarrados, desolados en estancias fúnebres, que tienen la decadencia y la putrefacción como aliadas. Una obra que vulnera la frontera de lo orgánico para crear emociones intensas, infectadas siempre por la muerte, que, sin piedad, se alza siempre en protagonista de toda su producción. No en balde la calavera es el símbolo de su marca, que continúa vivísima, siendo la escogida por la familia real británica para todas las ocasiones más especiales y relevantes de la historia del Reino Unido.

Aunque la esencia de este artista (y en este caso se me llena la boca aludiendo a él con este término) está presente desde su primera colección, se aprecia en su trayectoria una evolución ascendente en la depuración de los conceptos, en la búsqueda de lo más sublime, tanto en la calidad técnica y estilística de sus prendas como en la puesta en escena de todos sus desfiles. Llevó a sus diosas, en este caso podríamos incluso decir «diosas malditas», al límite de la desesperación, de la más pura locura, de la decrepitud física y moral, pero todo ello pasado por el arco de la excelencia y de la belleza más divina y perfeccionista. Un terreno ambiguo, poblado de referencias históricas, familiares, vivencias personales, tormentos conectados con las corrientes literarias de romanticismo oscuro, el espíritu gótico británico, con el que tanta afinidad mostró, o la naturaleza como verdadero templo de la calma y la paz. Dos conceptos se solapan ininterrumpidamente en su obra: belleza y horror. Un hombre que estaba enfrentado al mundo, en continuo desacuerdo con lo establecido de manera aparentemente infantil e inmadura, con la típica actitud del contestatario que, habitualmente, respeta y ama aquello de lo que tanto protesta. Así lo demostró con la religión, por ejemplo. Utilizó en sus obras imágenes religiosas estampadas, renegando continuamente de tener creencias; pero, antes de suicidarse, dejó una nota pidiendo ser enterrado en una iglesia.

En conjunto, su obra es desde el principio un grito desgarrado. Unas colecciones con una fuerte carga emocional, una perfección técnica inusual, tanto suya como de los colaboradores que él iba escogiendo, un conjunto armónico y pulcro, que le sirviera a él para reorganizar su caos interior y para materializar esa sensibilidad tan especial y tan sublime que tenía, y que le permitía rozar continuamente el cielo y el infierno, apoyado en un consumo desaforado de drogas, de relaciones complicadas y destructivas y, en el fondo, de una búsqueda de algo que aliviara la intensa angustia que sentía. Era esta, sin embargo, el motor de toda su máquina de creatividad. Su obra entera nace de la necesidad de lidiar con ella, tal como demuestran los sentidos y las lógicas de cada una de sus creaciones. Realizó una crítica feroz a la realidad desagradable y violenta que tuvo que vivir desde su infancia, en un derrotero emocional transparente. Se valió de la aguja para expresar su desesperación, y con su dolor componía sus colecciones. Algunas de ellas podrían parecer hijas de la locura o la ira, pero siempre era incuestionable el grado de excelencia en su habilidad para componer lo físico con lo espiritual, con una autenticidad nunca vista en un diseñador de modas.

El discurso estético de McQueen estaba relacionado con su contemporaneidad, a diferencia del de Galliano, demostrando una capacidad inusual en esta disciplina creativa para reflexionar entre pasado, presente y futuro, y no me refiero al largo de la falda, ni a ninguna otra cuestión meramente técnica o estilística. Galliano separó su propia obra del sustrato cultural que le correspondía, con afectos y efectos de una época histórica diferente y distante, así era más fácil caer en interpretaciones arbitrarias y fantásticas. La obra de McQueen no está despegada de su realidad en ningún momento, su fantasía tiene otro origen, mucho más profundo, visceral y, por lo tanto, honesto. A él se le podrían atribuir estas palabras de ese otro pesimista que fue Cecco Angio-lieri: «Si fuese fuego, incendiaría el mundo». Un espíritu crítico que buscó desahogo entretejiendo a través de su luz interior, que alteraba figuras e ideas; pero sin despegarse de la realidad, que él percibía como amenazante y perversa. Su padecimiento fue asu-miendo diferentes intensidades a lo largo de su carrera. En él, el ideal clásico se disgrega, surgiendo la urgencia de nuevas formas de fantasía, en una misma sensibilidad pesimista y romántica, que traslade a la escena los horrores tanto de tipo psicológico, como de tipo natural.

Creo que se podría proyectar un telón de fondo añadido a todo lo expuesto, y que también es compartido por la estética del mundo gótico anglosajón. Me refiero al sombrío y decadente corazón industrial de la Gran Bretaña, con sus fábricas y espacios abandonados. No en balde, uno de los referentes de este creador fue William Morris, que es considerado uno de los pioneros en la lucha contra esta realidad tan deshumanizada. Las letras del movimiento gótico se basan en el sexo y en la muerte, así como en lo místico, manejando la claustrofobia, el sentimiento de culpa y otras cuestiones bien vinculadas al romanticismo oscuro del siglo anterior. El movimiento gótico, que nació como her-mano morboso y menor del punk, en el Londres de principios de los ochenta. Fue una de las mayores exportaciones culturales del Reino Unido, proporcionando al cine una nueva paleta de colores oscuros sobre la que trabajar. La bandera de esta belleza siniestra es de color negro y el lema podría ser algo así: «Yo soy el defectuoso». Un último esplendor de héroes en decadencia, a semejanza de los dandis del XIX, como un puro desprecio a este mundo y a su frivolidad dolorosa e inconsistente. McQueen re-presentó la sensibilidad y la sensualidad del gótico moderno. Su canto fúnebre era más elevado, mucho más exquisito y hermoso, más femenino y poético. Su amor por lo misterioso y grotesco estaba anclado en esa cultura londinense, a la que por nacimiento pertenecía.

En conjunto, el legado de McQueen es de una coherencia extraordinaria. Siluetas victorianas de corte hábil, pinturas flamencas del siglo XIV, cultura callejera británica, ese ya descrito solapado trasfondo religioso como de corona de espinas, la admiración por la libertad del vuelo de los pájaros, mujeres fuertemente sexualizadas, la locura como salvación, y todo siempre bañado en una pintura roja, como de sangre. A veces se le escapaban pinceladas de dulzura escondida detrás de la apariencia de lo macabro, lo destructivo, todo lo que estuviera al límite, como su propia vida. Un mundo marginal hecho a medida, que ni los creciente ceros de su cuenta corriente pudieron limpiar de dolor y desesperación. ¿Cómo era posible que alguien tan agónico en su aspecto y trato creara tantísima belleza? Esta cuestión es una constante en la Historia del Arte. Si se piensa en un artista con una bata blanca, perfectamente peinado y aseado, de zapatos impolutos y orden vital inalterable, puede aparecer otra cosa, pero no un artista. Aparecerían Dior, Chanel y Balenciaga, que fueron diseñadores de ropa de enorme valor estético, que supieron embellecer con su buen gusto y saber hacer el panorama social de una época, pudiendo llegar a modificarlo. Pero no eran en absoluto artistas. Han sido personas con habilidades técnicas, con muchísima intuición y perspicacia y con un dominio absoluto de las necesidades y los gustos de una época, pero de esto no va mi ensayo.

El único artista en mayúsculas que ha dado la historia de la moda universal, bajo mi criterio, es Alexander McQueen. Detrás de él, están la fantasía genial como reinterpretación de esplendores pasados de John Galliano y la sensibilidad extraordinaria para tomarle el pulso a su época que tuvo Saint Laurent, creando un estereotipo de nueva mujer, que sumaba lo mejor de todos los avances ideológicos, sin perder la elegancia y sofisticación que le eran innatas. Sin embargo, ninguno de estos dos últimos tenía tanto en su interior para conectar lo externo con lo íntimo como McQueen. Sus frenéticos impulsos eran evidentemente el desahogo del propio autor. Sus diatribas internas se manifestaban en prendas y puestas en escena que las convertían en elementos dialécticos. Así, mientras él se liberaba momentáneamente, los espectadores se inundaban de todos esos tormentos, pero siempre era un sadismo aristocrático, de excelencia, lujuriosamente elitista, como si no fuera hecho para la comprensión de los más tontos, ni para el aprecio de toda esa farándula que McQueen, en lo más profundo de su ser, despreciaba drásticamente.

Estuve la primavera pasada en su última casa, en el londinense barrio de Mayfair, donde se suicidó en el 2010. Pensaba en la desesperación de un hombre que había tocado la gloria más alta, y que acababa de perder al ser que más quería, su madre. ¿Qué nivel de dolor debe de tener una persona que traspasa ese límite? Luego, una lee medios escritos de personajillos que no entienden nada y que lo tachan de loco y de pervertido, de un ser aficionado a las drogas que vivía en su falsete sentimental para ganarse una vida fácil de fama y placeres. Otros se limitan a señalar una creación de sus inicios, un pantalón de talle muy bajo, que dejaba al descubierto el inicio de las nalgas, como si fuera el invento de un nuevo escote al final de la espalda. Estas apreciaciones tan simplonas de un legado tan magnífico, aunque la parte más elemental fuera por su propia idiosincrasia efímera, delatan la incapacidad de comprensión de un ser diferente, que supo cavar en su propia alma un surco profundo y extraer de ahí lo más valioso para reconvertirlo en otro nivel de belleza, más cercana a las bestias salvajes que a los burgueses que no terminaron de comprenderle. He aquí mi intento de otorgarle definitivamente el lugar merecido, por haber creado una belleza abrumadora, hecha de sangre y de vísceras, pero también de la delicadeza de una sonrisa y del velo rasgado de unos párpados.

Capítulo VIII

EL CAPITALISMO COMO AGONÍA DEL ARTE

Hoy en día, de manera general, el arte se percibe como una cuestión económica. En lo relativo a las artes plásticas, el mercado ha absorbido en la práctica todos los demás valores que las piezas pudieran tener intrínsecas. Una pintura se valora por su cotización, y es esta la que marca su valía, con independencia de lo que pudieran decir los especialistas que, en su mayoría, también participan en el juego establecido por este nuevo sistema de poder que mueve el mundo contemporáneo. Yo misma he experimentado esta ruleta con algunas investigaciones que he realizado bajo el encargo de veteranos coleccionistas. Pinturas con una mediana calidad artística duplicaban sus ceros si encontraban un hermano en algún museo prestigioso, o si sus anteriores propietarios eran personas de fama, o si había manera de encontrar similitudes con alguna firma emblemática y caer en la tentación de atribuirla. En cuanto a la pintura contemporánea, entran en juego otros factores mucho más dramáticos, como el carisma del artista o su capacidad de convencer sobre sus aptitudes, aunque sean tan invisibles como su dignidad.

Ante este panorama tan desolador, cabría preguntarse qué pasa con los verdaderos artistas. Ya he analizado antes el desbarajuste al que estuvo sometida la pintura desde la mitad del siglo pasado. No significa que nada de lo creado desde los años cincuenta en adelante tenga interés, por supuesto que no; pero sí es cierto que conforme avanzaba el siglo se producía un agotamiento de esta disciplina, en beneficio de otras que ofrecían otras oportunidades para las personas de alma creativa, que necesitaran expresarse. Así el cine, la fotografía o, incluso, los videoclips musicales eran formatos que iban adquiriendo más adeptos y, además, estaban vinculados a sistemas de producción que promovían grandes cifras de dinero. Nadie es artista hasta que lo demuestre y, para ello, hay que tener los medios. Las discográficas y las productoras cinematográficas han sido los grandes monstruos creativos de los éxitos populares que han conformado la cultura occidental durante prácticamente toda la segunda mitad del siglo xx. Su apoyo incondicional era la publicidad, que se basaba en otra disciplina de también relativa nueva creación, la fotografía.

Ahora bien, esas actrices, esas cantantes y esas modelos de fotografía tenían que vestirse, y lo que llevaran puesto sería visto y cotizado por todas las mujeres del planeta. Así comenzó una cadena de intereses, que fue dando acceso a las grandes firmas de moda a un enriquecimiento escandaloso, que fue llamando la atención de empresarios de otros sectores. Un sueño colectivo que, con los avances en el sistema de producción de las marcas de ropa lista para llevar, iba abaratando sus precios y comenzaba a ser accesible para toda la población. La aparición de la moda rápida y barata, respaldada por esos mensajes atractivos y estudiados que estaban por todas partes, hicieron de la compra la gran experiencia del final del siglo xx. Pero la intensidad de esta experiencia iba estrechamente unida al prestigio y la sofisticación de la marca que se compraba. Comenzaba a comercializarse en nuevo lujo envasado en frascos de perfume, barras de labios, camisetas con el sello distintivo. La calidad del producto dejaba de ser importante en favor de ese estigma colectivo que estaba adjudicado a cada firma comercial. Y, detrás de esa firma, había un nombre, que era la gran estrella a la que había que venerar.

Este panorama se acentuó tras la desaparición de los grandes modistas que abrieron la veda a esta nueva categoría de diseñador/estrella, frente al modista/artesano de épocas precedentes. De manera consensuada, se establece en Worth el primer modista que cambia la actitud ante sus clientas aristócratas, endiosando a su personaje y consiguiendo así más prestigio y, por lo tanto, resultados económicos. Esta actitud se fue generalizando por las siguientes generaciones y se mantuvo válida para unas pocas figuras a lo largo de casi todo el siglo xx, con los nombres que ya todos conocemos, y cuyas casas de moda han perdurado hasta día de hoy. Pero una vez muertos los primeros grandes diseñadores famosos, los nuevos empresarios del sector supieron revitalizar sus firmas de una manera salvaje, con nuevos diseñadores más jóvenes y atrevidos que las rejuvenecieran. Así hizo Galliano con Dior, Lagerfeld con Chanel y Ford con Saint Laurent (en este caso con él aún vivo, algo verdaderamente dramático para ambos). ¿Qué hay de Chanel en una prenda de Chanel ideada por Lagerfeld? ¿Es mérito de ella o de él? Si se considerara arte, ¿a cuál de los dos habría que felicitar?

El nuevo evangelio dictaba las normas y nadie se paraba a pensar si era lícito el paraguas con el nombre de una persona ya fallecida para amparar y asegurar las ventas de unos productos que no había ideado, ni siquiera aprobado. Si llevásemos esta cuestión a la pintura, sería como si hubiera talleres con el nombre de Picasso o Rembrandt y los cuadros que de él salieran tuvieran la misma cotización que un original salido de la mano de esos pintores. En escultura, lo más parecido que se me ocurre es comprar un vaciado de yeso de una escultura de Bernini y pagar y sentir como si tuvieras un auténtico tesoro salido de las manos de ese genio italiano del Barroco. Nadie se para a pensar esta lógica, porque tenemos demasiado asociada la marca al sueño que ella vende o a lo que representó en su momento. Es como si nos hubieran lavado el cerebro en beneficio de la economía de esos nuevos barones que asomaron a finales del siglo pasado de otros sectores empresariales, atraídos por las oportunidades que este nuevo negocio establecía. El francés Arnault es el más conocido, desde luego no se le puede quitar mérito a sus hasta entonces inconcebibles operaciones mercantiles, basadas en cualquier cosa menos en el amor al arte, a pesar de su afición a la música clásica.

Siguiendo con esta cuestión de la atribución artística de las prendas, la futura reina de Inglaterra se vistió de Alexander Mc-Queen para su boda en el 2011, pero resulta que este ya se había suicidado. ¿Es lícito atribuir ese vestido de novia a este genio creador? Para mí, no; aunque la persona que lo ideara fuera su ayudante y discípula. Pero así está establecido el sistema y no tiene visos de cambiar de momento. Esta realidad va en detrimento de la posibilidad de hacer artistas con categoría absoluta a los diseñadores, porque sus firmas les sobreviven, que es una manera extraña y cínica de decir que ellos son perfectamente prescindibles. Entonces, si la marca sin ellos continúa incluso de manera ascendente, esta es lo importante, no el cerebro que cree los productos. Si es así, se podría parecer a una producción en serie cualquiera, como los coches o, de hecho, como pasa con los bolsos. ¿Cabe hablar de arte en estos casos? Claramente, no. Con esta lógica, estaría tirando por tierra parte de mis argumentos, porque si he ensalzado en el capítulo anterior a Galliano y a

McQueen, y el primero diseñaba para la casa Dior y el segundo para Givenchy, ¿eran los artistas ellos o los muertos? ¿O *fifty-fifty*?

En este circo consumista establecido por el feroz capitalismo que asoló Europa desde la industrialización y el mundo entero desde la Segunda Guerra Mundial, la mentes poderosamente creativas no eran más que el gancho para que esas firmas subieran como la espuma. Al crear desfiles tan espectaculares y diferentes, la repercusión mediática era impresionante. Aún no había internet, ni redes sociales, pero aparecían en la prensa internacional y en los telediarios. Esa publicidad que conseguían hacía que la ingente cantidad que las casas hubieran gastado en esos espectáculos quedara en una anécdota, que se recuperaría en pocos meses a través de bolsos, perfumes y pintalabios que posiblemente habría ideado un diseñador anónimo que nada tenía que ver con Galliano, y menos con Dior, que ya llevaba varias décadas bajo tierra. Esa dinámica fue la general durante la última década del siglo, con una exigencia cada vez mayor para los diseñadores estrella, que debían hacer espectáculos increíbles con muy poco margen de tiempo y, por lo tanto, careciendo de la recuperación necesaria después de la exacerbación creativa. De ahí que se refugiaran en las drogas y el alcohol de manera desaforada, para cumplir las expectativas y poder continuar hacia adelante.

Llevar hoy en día un pañuelo de calaveras de Alexander McQueen es un símbolo más que una cuestión de estética. Nada tiene que ver con el arte, y sí mucho con el capitalismo y el consumo de masas. Este final puede ser un desencanto, pero no se puede negar la realidad. Esta disciplina, el diseño de moda, está inmersa en el entramado perverso que procura que todo el mundo ande confundido. No sé si a estas alturas he podido aclarar algún concepto o, por el contrario, les he desorientado más. En definitiva, a la pregunta de si McQueen fue un artista, la respuesta es rotundamente afirmativa; a la pregunta de si los botines que se venden bajo su marca a día de hoy lo son, la respuesta es igual de rotunda en negativo.

He tratado aquí un arte efímero y pasado. La situación actual es completamente diferente. Entre los diseñadores de ahora, no podría alzar a ninguno tan alto como he hecho con los tres históricos que aquí he analizado. Pero no solo por su capacidad, sino porque la escena ha cambiado por completo. El poder que tenía una imagen en los años noventa es impensable a día de hoy, en que su vigencia es de décimas de segundo, pudiendo pasar a otra con el dedo a capricho del consumidor. Han cambiado los códigos, las mentalidades y las necesidades. Ya habrá tiempo de analizar el presente, en el futuro.

BIBLIOGRAFÍA

Anderson, Bonnie; Zinsser, Judith: *Historia de las mujeres: una historia propia*. Crítica. Madrid, 2009

Baddeley, Gavin: *Mundo gótico. Un mundo por una cultura fascinante*. Robinbook. Barcelona, 2010

Bourdieu, Pierre: *Un arte medio*. Gustavo Gili. Barcelona, 2003

Calvo Serraller, Francisco: *El arte contemporáneo*. Taurus, 2001

Lelièvre, Marie-Dominique: *Saint Laurent, chico malo*. Superflua. Barcelona, 2018

Leon Talley, André: *En las trincheras de la moda*. Memorias. Superflua, 2021

Lipovetsky, Gilles: *El imperio de lo efímero. La moda y su destino en las sociedades modernas*. Anagrama. Barcelona, 1990 (edición original de 1987)

Newton, Helmut: *Autobriografía*. R. M. Verlag. Barcelona, 2005

Ortega y Gasset, José: *La deshumanización del arte y otros ensayos de estética*. Madrid, 1987 (edición original de 1925)

Ottavi, Marie: *Karl*. Superflua. Barcelona, 2022

Praz, Mario: *La carne, la muerte y el diablo en la literatura romántica*. Acantilado. Barcelona, 1999 (edición original de 1930)

Scopa, Óscar: *Nostálgicos de aristocracia. El siglo XX a través de la moda, el arte y la sociedad*. Taller de Mario Muchnik. Madrid, 2005

Soley-Beltrán, Patricia: «*¡Divinas! Modelos, poder y mentiras*», Anagrama. Barcelona, 2015

Thomas, Dana: *Deluxe. De cómo el lujo perdió su esplendor.* Superflua. Barcelona, 2023

Thomas, Dana: *Dioses y reyes. Ascenso y caída de Alexander McQueen y John Galliano.* Superflua. Barcelona, 2018

Vattimo, Gianni: *El fin de la modernidad.* Gedisa. Barcelona, 1990. (edición original de 1985)

Wilcox, Claire: *Alexander McQueen.* V & A Publishing. Londres, 2015

Esta
primera
edición de
El juego de la moda,
de Clara Zamora Meca, ha
sido impresa con papel ahuesa-
do, de 80 gramos. Se ha utilizado la tipografía Garamond Pro.
Se terminó de imprimir en Re-
prográficas Malpe, en Getafe
(Madrid), en el mes de junio
del año 2024.